딸에게 보내는 심리학 편지

精神科医が娘に送る

心理学の手紙

思い通りにならない
世の中を軽やかに
渡り歩く37のメッセージ

プロローグ
30年間言い出せなかった、でも、必ず言っておきたかった話

久しぶりにあなたに手紙を書くことにした。

《娘よ、元気にしてる？　ご飯はちゃんと食べてる？　アメリカでの新婚生活はどう？　会社の仕事は順調？》

電話やメッセンジャーでこまめに連絡を取り合っているとはいえ、母はいつでもあなたのことが気がかりだ。遠く離れているからこそ、元気でいるか、つらくはないかと余計に気にかかるのは仕方のないことかもしれない。

時折、こんなことも考えてみる。**生まれてこの方、私がこれほどまでに誰かのことを愛おしく、気にかけたことがあっただろうかと。**

プロローグ
30年間言い出せなかった、
でも、必ず言っておきたかった話

あなたが生まれてくるまでの私は、仕事がもたらす達成感に夢中になり猪突猛進していた若者だった。正直、自分にできないことなど何もないとすら思っていた。怖いものなしの利己的な人間だったわけだ。

しかし、あなたを産んでからというもの、気苦労が絶えない臆病者になった。私なしでは何もできない赤ん坊のあなたを育てるため、職場では周りに気を使うだけ使い、あなたが突然転んでけがをしたり高熱を出したりする「予測不可能な日々」を過ごしながら、初めて世の中には自分の思い通りにならないことがあるのだと思い知った。

つらい瞬間を何度もひとりで耐えしのびながら、赤ん坊ひとり育てることもロクにできない私に一体何かできるのだろうかと落ち込んだりもした。

そんなときに悟ったのだ。人生で大事なことは何なのか、なぜ人は幸せを語るのか、なぜ親は子を育ててこそ成長できるというのかを。

もしあなたを産んでいなかったら、私は仕事でもっと大きな成功を収めていたかもしれない。けれど、間違いなく心は今ほど満たされてはいなかったと思う。

そう考えると、あなたという存在は人生が私にくれた最大のプレゼントかもしれない。心細くなるたびにあなたを思うことで、心を立て直すことができたから。

そんなあなたから突然聞かされた結婚話。しかも「結婚後はアメリカで暮らす」とまで宣言されたのだ。

娘の国際結婚なんて想定外。私はてっきり、あなたが今はアメリカで働いていたとしても、結婚する頃には帰国するのだろうと思っていたし、そうすれば頻繁に会えるのだから、寂しいのも今のうちだけだと辛抱していた。

それなのにあなたったら、わざわざ遠い異国に住むと言うのだからね。

しかし、それを聞いて心のどこかではとても誇らしかった。わが子が大人になって自分の道を切り開いていくことを喜ばない親はいないだろう。

とはいえ、心のどこかには、寂しく、むなしい気持ちがあったことは否めない。いや、打ち明けられた直後は、あなたが海外移住するという現実を受け入れることすらできなかった。

そうこうするうちに、急にこんなことを考えるようにもなった。**私にたくさんのことをプレゼントしてくれて、今後も離れて暮らすことになるあなたに、母として何かしてあげたいと――。**

母親と一人娘。私たちが紡いできた30年の歳月を振り返ると、本当にたくさんのことがあった。

しかし、あまりにも近くにいたせいか、そしてこの先もきっと近くにいるのだろうと思っていたせいか、言い出せないままでいた「積もりに積もった話がある」ということに気が付いたのだ。

私はこれまで精神科医として働きながらたくさんの人たちに出会ってきた。40年のキャリアの間に出会った人数はざっと数えただけでも20万人近い。どの人も苦しみと痛みを抱えて診療室を訪ねてきたが、**特に私は、あなたと同世代の若者たちの話を聞くときに一番胸が痛んだ。**そして、ひょっとしたらあなたにも、私に言い出せないでいる悩みがあるのではないかと思うようになった。

世間は身勝手だ。「不景気だから生活苦は仕方ない」「若者たちが就職できずにさまよい、わずかな賃金をかき集めることにストレスを感じている、とても気の毒だ」などと言う一方で、その苦労は本人の努力不足のせいだと突き放す向きもある。

しかし、若者たちは、ただ「一生懸命努力すれば成功する」という大人たちの言葉を素直に信じ、愚直に努力してきただけだ。それなのに居場所すら与えてくれない社会に直面して暗然とし、苦しんでいるにすぎない。しかも彼らはそれを自分の努力不足のせいだと思い込み、弱音すら吐けないでいるのだ。何より彼らは、高い壁の前で若い時間を無駄にすることを最も恐れ、立ち行かない現状にジレンマを感じている。

いつからか、あなたと同世代の彼らにかけてあげたい言葉があった。

「すべてをうまくやろうとして悩まないで。今、不安なのはあなたが着実に生きている証拠。だから心配しないでいいんだよ」ということだ。

これは、今まで診療室を訪れた若者たちにも言いそびれていた言葉であり、あなたにもこの30年間で一度も言ったことがなかった言葉だ。しかし結婚して国を離れるあなたに、今だからこそ絶対に言っておきたい心からのメッセージだ。

そして私は、本を書き始めた。1年かけて原稿を書いては消しを繰り返した。長い精神科医生活で多くのことを学んできたとはいえ、まだまだ足りないことだらけだと気付いたり、私の文章で、若者を応援するどころか追い詰めやしないかと心配になったりもした。それでも、「今やらないときっと後悔する」と自分を奮い立たせた。今だから、そして母親だからこそ言える話を集めた本だ。

プロローグ
30年間言い出せなかった、
でも、必ず言っておきたかった話

娘よ、あなたを愛している。あなたは誰が何と言おうと、私にとって一番愛しい大切な人。これからあなたがどんな道を選ぼうが、どんな結果になろうが、私はずっとあなたの味方だ。だから、**今までのあなたらしく、恐れることなく堂々と前に進んでほしい。**

やってみてダメだったところで、それが何だ。ちょっと休んでまた立ち上がればいいじゃない。少なくとも何も試さないようなバカじゃなかったんだもの、それで十分だ。

だから**どんな困難が訪れようとも、生きる楽しみをあきらめないでほしい。**

楽しい生き方を考える余裕もなく、やたら腹が立つだけの日はこの本を開いてほしい。失敗だらけで、完璧でもなんでもない、ただ楽しく生きようとした母の人生を見れば、きっと元気が湧いてくるはず。

私の娘へ――、そして、世のすべての娘たちに、エールを送る。ガンバレ！

いつもあなたを大事に思い、応援している母より

精神科医が娘に送る心理学の手紙　目次

プロローグ　2
30年間言い出せなかった、
でも、必ず言っておきたかった話

1章
世界で一番大切にすべき人は、
あなた自身だ
――世の中と自分について　15

1　すべてを完璧になんて、できるわけがない　16
2　泣きたいときは声を上げて泣きなさい。涙の泉が枯れ果てるまで　25

3 思いっきり折った無駄骨が、あなたの個性になる 35
4 「無条件の愛」なんて世の中にはない 43
5 「自分を大切にする」とは「すべての感情を許す」こと 54
6 人に頼むのも、断るのも、ためらわなくていい 64
7 どんな逆境にも打ち勝つ力が、あなたには備わっている 74
8 人生の中心に自分を据えて、他者と共存する 85

2章
すべてうまくやろうと頑張りすぎない
――仕事と人間関係について 93

9 いい職場がすべてを解決してくれるわけじゃない 94
10 安全な道こそ、実は一番危険な道かもしれない 103

11 「完璧な母親」なんか、目指さなくていい 112
12 この世で最も愚かな人間は、仕事を嫌々やっている人だ 126
13 内向的な性格は、無理に直そうとしなくていい 139
14 何もしなければ失敗はしないが、当然、成功もしない 148
15 本当に賢い人は、ちょっぴり頼りなく見える 157
16 人生の問題のほとんどは「ひとりだけの時間」が解決してくれる 167

3章 どんな人生でも恋は後回しにしないで

——恋愛について 177

17 どんな人生を生きるにしても恋を後回しにしないで 178
18 別れの痛みが癒えないうちに、次の人との恋を始めないで 190

19 男性と付き合う前に自問すべき、ニーチェの質問 201
20 あなたが望まないなら、セックスをする必要はない 211
21 時が流れて変わっていく相手と自分を、ありのまま受け入れる 223
22 素の自分をさらけ出せる相手を選びなさい 233

4章 思い通りにならない気持ちは休ませて
――感情について 243

23 自尊感情――あなたは愛される価値のある大切な存在だ 244
24 憂鬱――しばらく生きる速度を落として、自分と人生を振り返る時間を持つ 254
25 不安――今が不安なのは、人生がうまくいっている証拠だ 263

26 嫉妬心——自分に足りないものを認め、手に入れるための刺激にする 272
27 疲労——「できれば上等、できなくても結構」の精神で受け流す 282
28 怒り——あわてずにゆっくりと深呼吸するだけで十分 293
29 独立——親元を離れ、大人として生きていくあなたへ 303

5章
あせらず、じっくり、熱く生きる
——人生について 315

30 もう親のせいにしながら生きるのはやめて 316
31 人生最後の日の後悔を減らすには、自分について悩みぬくこと 324
32 いくらSNSを眺めても寂しさを埋めることなんてできない 334
33 どんなに忙しく、遠く離れても、友達を大切にして生きなさい 342

34 お金に対する哲学を持たなければ、お金に泣かされる日がくる 352
35 歳を取るごとにますます美しくなっていくあなたに会いたい 361
36 人生の根っこを極太にする本気の学びとは 369
37 人生なんて大したことない。楽しんで生きなさいよ 378

エピローグ 385
訳者あとがき 389

本文中の〔 〕は訳注を表す。

1章

世界で一番大切にすべき人は、あなた自身だ

――世の中と自分について

1／すべてを完璧になんて、できるわけがない

あなたが花嫁になった日の朝——。着替えにメイクに大忙しのあなたを横目で見ながら、私はそっと外の通りへ出た。次々に浮かんでくる、あなたが生まれてから今日までの思い出で頭の中をいっぱいにしながら。

どこの親もそうだろうけど、初めてあなたと対面した日のことは今でも鮮明に覚えている。「この子ったら、目も鼻も口もある！　なんてすてきなの」——。なんて、**まるであなたが特別な子どものように感じられた。**

あなたがいち早く文字を覚えたときなどは、「うちの子、天才だわ」と本気で思ったものだし、周囲から「真の親バカだね。精神科医とて人の子なのね」などと言われても動じなかった。だってあなたほど完璧で特別な子どもはいないと本気で思っていたし、「この子は将来、絶対に大物になる」と妙な確信までしていたから。

自分に貼られたラベルを引きはがす

あなたはすくすく育ち、母に大きな喜びをもたらしてくれた。時にはどこにでもいる母娘みたいに口げんかもしたし、思春期には癪《しゃく》に障る瞬間もあったけれど、今となってはどれもが幸せな思い出だ。

子ども時代のあなたに感じた「大物」が、一体どんな人のことなのか正直なところ私もよく分からない。よその母親たちと同じく、私も、娘にはこうあってほしいという理想像を描いていたようで、そのせいであなたに余計な苦労や心配をさせたかもしれない。

それでもあなたは、そんな母の思惑をするりとかわして、中学、高校、大学、そしてアメリカ留学に至るまで、自分の望む道を歩み続けた。

向こう見ずな娘のことを案じた私が、小言を言ったり引き留めようとしたりすれば、あなたはいつでも全力で反論した。「どうしてママは私のことを応援するどころか、夢をあきらめさせようとするの⁉」と。腹を立てたあなたが私と口をきこうともしない時には、私もこみあげてくる怒りの制御に大いに苦しめられたものだ。

しかし思い返せば、それらはすべて私の欲が引き起こしたことに他ならない。母としては、娘の幸せを思ってレールを敷いてきたつもりだし、だからあなたもただそれに従ってくれさえすればいいのに、なぜそうしてくれないのか……。これこそ私の傲慢《ごうまん》だったのだ。

そんな時だった。あなたから、「一生をともに歩んでいきたい男性がいる。結婚したい、祝ってほしい」と打ち明けられたのは。

もちろん、それ自体は何の問題もなかった。ただ一つ、結婚後にあなたが海外暮らしになることを除いては。アメリカ留学が終わればあなたは当然帰国すると私は思っていたし、結婚したって気軽に会えるものだと思い込んでいた。それがうんと困難になるのだ。打ち明けられた直後は、自分の生活ばかり優先させるあなたに腹が立ちもした。

だけどある時、ふとこんな考えに至った。

「うちの娘もいつの間にか大人になったんだなぁ。新たな人生への船出の時なんだ……」

確かに、あなたは当時もすでに独立したひとりの大人として自らの道を歩んでいた。もしかすると私のほうがどこかでそれを否定していたのかもしれない。「娘には、いつまでも私の手を必要とし、目の届くところにいる子どものままでいてほしい」と願っていたのだろう。さっさと「好きにしなさい」って言ってあげるべきだったのに、あまりにも母が未熟だった。本当にごめん。

人生には重要なターニングポイントがある。**子どもから大人になるとき、「自分」が親になるとき、そして親から再び「自分」に戻るとき。**すべてが時間の経過とともにスムーズに流れていくようでいて、実際は節目節目で何らかの通過儀礼を経なければならない。これが思いのほか苦しくて、目をそらしてしまう人もいるほどだ。

だからこそ、勇気が必要なのだ。**時が来たら、それまで自分に貼られていたラベルを引きはがして前に進まなくては。**

子どもが大人になりたい時は、親の庇護《ひご》というシェルターを蹴破って巣立っていく。この行動は子どもにとっては「独立」となるが、親にとっては「喪失」なのだ。

私だって、いざとなればあなたのことはいつでも喜んで送り出せるし、心の準備も万端だと思っていた。しかし、実際はそうじゃなかった。

だけどもう心配はご無用。あなたの結婚式の日の朝、母はひとりでコーヒーを飲みながら「母親独立式」を済ませてきたから。だから結婚式でも笑顔であなたを送り出せたのだ。

娘よ、どうもありがとう。あなたが率先して親の世界をぶち壊してくれたおかげで、私も母親という役割から独立することができたのだよ。

人生の中心は自分自身を愛すること

あなたは今まで、誰かの娘であり、誰かの友人であり、誰かの先輩後輩であり、どこかの会社の社員だった。そして、結婚した瞬間から、誰かの妻でもあり、誰かの義理の娘でもあり、この先誰かの母になるかもしれない。

自分のラベル、役割が増えるわけだ。

たいていの人は、自分の役割が増えるたびに、すべてをうまくやろうと考える。皆の期待を裏切るまいと、与えられた責務を全うしようともがくのだ。

おまけに、世間ではそうして何役もこなせる人のことを「器用だ、すごい」とベタ褒めし、皆にそれを強いるふしまである。

そうやって無理して務めを全うしようと頑張る人を見るにつけ、私は賞賛するより先に胸が痛くなる。生真面目な人たちが自らを犠牲にすることが、あまりにも多すぎるのだ。

この人たちは、自分が我慢すれば周りの人たちが楽でいられるからと、自分の声を押し殺し、食べたいものを我慢し、やりたいことよりもすべき（とされている）ことを優先する。この国の大部分の母親たちはそうやって生きてきた。子どものためなら、夫のためなら、自分を犠牲にしてもそれが当たり前だと思い込んで。おまけに世間も、それが「真の母性」であると強要までしてきた。

娘よ、もし誰かが「女の美徳」だの「母性がどうの」だの「自分の母を見習え」だのと言ってきても、どうか耳を貸さないで。

そして、**「すべてを完璧にやるなんてできるわけない」と切り返して。**

それでこそ、たくさんの役割を担いながらも自分の中心を見失わずに、自分で自分を守ることができるからだ。

なぜこんなことを話すのかというと、私自身、よき医者、よき母、よき妻、よき友、よき嫁、よき娘、そしてよき上司でありたいと思っていた時期があったから。そして実際、そうあろうと努力していた。

しかし私の努力に関係なく、私のことを嫌う人もいるし、どこかで必ずひずみも生じて問題も起きた。

病院の仕事がヤマを越えてほっとしても、家に帰れば幼いあなたにイライラさせられるし、あなたと楽しくやれていると思えば実家で問題が起こり、実家がようやく落ち着いたと思えば婚家《こんか》のほうで何やら厄介ごとが発生する。

振り返ってみれば、**私がどんなにうまくやろうとしたって、何事もなく過ぎた日など一日たりとてなかった。**特にあなたが小さい頃などは、「どうか今日一日を無事に過ごせますように」が毎日の口ぐせだったほど。

おまけに少しでも愚痴をこぼせば、決まって周りからこう言われるのだ。

「なぜわざわざ苦労を買ってまでして仕事を続けるの？　家で子育てだけしていればいいものを」

この言葉に何度も傷つけられたものだが、おかげで私は本当に自分が望むことが何なのかを見つめ直し、考えを改めることもできた。

何より、**自分を犠牲にしてでもすべてを完璧にやろうという考えを捨てた。**どの役割においてもトラブルを起こさない程度に最低限のコントロールをすることも、そして、誰に対してもいい人であろうとすることもあきらめ、すべてにおいて完璧を目指したくなる欲も捨てたのである。そうやって仕事を続けながら、人生を歩んできた。


健康な自己愛、健康な自己肯定感を持つ人は、自分が完璧である必要がないということをよくわきまえている。

失敗したり、間違いを犯すこともあるが、それでも自分は十分に愛される価値のある人間だという確信を持っているのだ。

アメリカの劇作家、ジョー・クーデアがこんなことを言っている。

「あなたは必ずしも誰かに愛される必要もなく、また、そのために自分を犠牲にする必要もない。**最も大事な人生の本質とは、自分自身を愛することだ。**あなたが一生のうちに出会う人々の中で、何があってもあなたのそばを離れない唯一の味方とは、あなた自身であるからだ」

時には抱えた役割がもたらす義務感やプレッシャーに押しつぶされそうになったり、世間から犠牲になることを強いられているように感じても、むしろそんなときこそ「ダメなやつと言われても上等だ」と思って、堂々と立ち向かいなさい。

そんなあなたに、私はいつでもエールを送る。

2／

泣きたいときは声を上げて泣きなさい。涙の泉が枯れ果てるまで

私たちは一生のうちどれくらいの涙を流すと思う？　ひょっとしたら、笑顔よりも涙のほうが多かったりしてね。

そもそも、人は皆、生まれた瞬間から泣き声を上げる。**涙は人間にとって最初の言語だ。**

きっとあなたも、生まれてすぐに元気な泣き声を聞かせてくれたのだろうね。「だろうね」、というのは、私が心から待ち望んでいたあなたの産声を直接聞くことができなかったからだ。一体何を恐れたのか、あなたがこの世に出てくることを激しく拒むものだから、私はつらい陣痛の末に帝王切開を選択するしかなかったからね。

ところで、精神分析学者のオットー・ランクはこんなことを述べている。「胎児

にとって、母胎という守られた世界から外の世界に生まれてくること自体、根源的な不安を誘発する〝心理的外傷〟である」と。赤ちゃんが泣きながら生まれてくるのには、そんな心持ちも影響しているのかもしれない。

赤ちゃんというのは、空腹でも泣き、眠たくても泣き、退屈でも泣く。彼らにとって泣くという行為は、喜怒哀楽のサインのようなものだ。

しかし、**成長して言葉を操れるようになると、人間は本来のコミュニケーション手段だった「泣く」という行為を警戒するようになる。**その裏には、子どもの頃、大人たちから「泣いたら負けだ」とからかわれたり、「泣くと鬼が来るよ」とおどされたり、「男が泣くのは人生で3度きりだ」などと追い詰められたりする因習がある。

これはつまり、「人は、泣くというネガティブな感情がコントロールできてこそ一人前である」と刷り込まれてきたようなもの。私たちが成長するにつれて泣くことをはばかるようになるのは、その結果なのだ。

「笑っていても悲しい」のは自分に厳しすぎるから

20代の若者にとって、「30歳になること」は一つの壁を越えるような感覚がある。私も「30歳の壁」を越えてきたからその気持ちはよくわかる。

数年前に診ていたMさんという患者がいた。彼女は寂しくても悲しくても、泣きべそにはさよならするキャンディキャンディみたいに強く生きてきたという人だった。

ところがだ。そんな彼女が、診療室に一歩足を踏み入れた途端、堰《せき》を切ったように泣き出したのだ。派遣社員として働いてきてもうじき30歳を迎えるのに、正社員になれる見込みもなく、そのせいか少し前に結婚話も破談になったのだと、自分を責めて悲しみに暮れていた。

「先生、私はあの結婚を支えに生きてきたんです。それなのに破談だなんて。仕事もプライベートも失敗続きなんて、もう笑っちゃいますよね、ハハハ」と自嘲気味に高笑いをしたかと思うと、再び声を上げて泣き始めた。

Mさんにはうつ病の症状が見られたが、その原因は彼女の完璧主義にあった。彼女の手帳には「死ぬまでに絶対行く」と決めた旅先がずらりとリストアップされていたほか、「結婚は必ず30歳までにする」「子どもは35歳までに2人産む」といった調子で、年齢ごとのライフイベントまで書き込まれていた。

そして彼女は**この通りに生きなければ失敗だという強迫観念**にも駆られていた。だからこそ、計画通りにいかない現実は彼女にとって大いに恥ずべきこととなっていたのである。

アメリカの精神分析家カレン・ホーナイは、この種の強迫症状について、「〜しなくてはならない」「〜してはならない」という言葉から、「シュッドビー（should be）コンプレックス」と名付けている。

このコンプレックスを抱える人たちは、**常に前進しているという実感がないと、夜も安心して眠れない。**Mさんの場合、仕事の不安や結婚の破談によって自らが停滞しているように感じられ、生きていくエネルギーが枯渇してしまった状態なのだ。

しかし完璧主義者のMさんを本当に苦しめていたのは、破談になって傷ついたことよりも、両親に心配かけまいと、無理をして気丈にふるまい続けてきたことのほうだった。

泣きはらした彼女の顔を見て、こんなになるまで自分に厳しくせず、**せめて泣きたいときには泣いて自分をあやしてあげられていたら……**と、胸が締め付けられた。

「こんなに泣いたのは子どものころ以来です。自分のためにも、時には涙を流すべきなのですね」。彼女の言葉に、私も静かに頷いた。

彼女が診療室を出た後、床にこぼれおちた涙をティッシュで拭っていたら、私まで切ない気持ちになった。思いきり泣けずにいる人は何もMさんだけじゃないだろう。だから不安な若者たちはこう言うのだ。「笑ってはいるけど悲しい」と。

思い切り悲しむことで初めて心は回復する

涙は、「内なる子ども」（インナーチャイルド）の不調を知らせるシグナルだ。うれしいときにも涙は出るが、悲しいときのほうが泣けるのは、失ったものへの喪失感からくる痛みのためだ。**喪失に対する心理的な反応を「悲嘆」といい、これは病的な哀しみとは異なる正常なプロセスである。**

また、「悲嘆の過程」とは、失くした対象を心の中に抱き続けることで、その対象との関係を維持しようとする回復の過程でもある。失くした対象は、愛する人であったり、Mさんのように自分が大切にしていた価値感や、目標としていた理想の姿だったりさまざまだ。

悲嘆の過程にあるときは、精神的なエネルギーのすべてが失われた対象に向けられるため、現実から乖離《かいり》しているような感覚になる。愛する人の突然の死に直面した人たちが見せる、茫然自失の姿がまさにそれだ。悲嘆の過程が何も考えられなくなるほどつらいのは、悲嘆する対象に向けたリビドーを抑え込もうとすることに苦痛が伴うからだ。

リビドーとは、人間に生まれながらに備わっている本能的なエネルギーであり、生きるエネルギーでもある。

簡単に言えば、リビドーとは、「私には君しかいない」「このプロジェクトが成功したら正社員にしてもらえるかも」「今年こそ母を温泉に連れていかなくちゃ」など、その対象に向けられた希望であり、強い没頭である。

こうした対象を失ったときにリビドーをなかったことにするのは容易ではなく、受け入れるまでに時間もかかる。だからこそ、その時間に流す涙を、私たちは受け入れなくてはならないのだ。**喪失による悲嘆の涙は、すすんで流すべき涙だ。**

もし、こうした悲嘆の過程を省略してしまうとどうなると思う？

心理学者のフロイトは悲嘆が十分にできなければうつ病を発症するとしている。うつ病のことを「心の風邪」などというが、私は「自我の風邪」だと言いたい。風邪にかかった自我は、自らを苦しめることにだけに没頭する。自らの人生をあざ笑っていたMさんがうつ病になったように、**悲しみにくれる自分を慰めるどころ**

か、自己嫌悪と罪悪感でむしろ自分をむしばむのだ。

Mさんはいつも感情表現がぎこちなかった。誰かに気遣ってもらった記憶のない彼女にとって、感情とは、無視したり押し殺したりすべきものだった。そうやって、ただタスクをこなすように生きてきた彼女の涙は、**〝どうか苦しんでいる私に気付いて〟という内なる子どもからのシグナル**だったのだ。

幸いにもMさんは、少し遅れた悲嘆の過程を通過して、憂鬱《ゆううつ》の沼から這いあがることができた。

若者たちにとって30歳とは、それまで享受していた「若さゆえ」という特権をはく奪されると同時に、**自分のキャリアや人生について「今までやってきたことは何か?」という、宿題の答え合わせを急かされるような時期**ではないかと思う。

今思えば、Mさんが涙が枯れるほど泣き続けたのは、平凡でありながらも必死に生きた20代をきちんと見送り、新たな気持ちで30代を迎えるために必要な儀式だったのかもしれない。

人生を振り返り耐えてきた自分をねぎらう

Mさんは涙を流すことで、心の中にあったそれまでの喪失感や怒り、無能感や自己嫌悪まで、自身の隠れた感情を見つめることができた。破談は彼女の心に大きな傷を残したが、それまで目をそらしてきた内なる子どもと向かい合うきっかけにもなった。そして彼女は、傷を癒すことができ、強く望みながらも叶うことのなかった理想像を手放すことができたのである。

こうしたことからも、30歳の壁を乗り越えていく人たちにお勧めしたいことがある。

それまでの自分の人生を振り返ること。そして、その時間を耐え抜いてきた自分をねぎらい、悲嘆する時間を持つことだ。

もしその過程で泣きたくなったら、迷わず涙を流すといい。**涙すら出し惜しむ人は、自分の人生に対してもケチにならざるを得ない。**

私にも悲嘆の涙を流すタイミングが何度もあった。そのたびに私はパウロ・コエーリョが書いた『Like the Flowing River』に登場する一節を思い浮かべては、泣いた。

「いつでも強くある必要はなく、いつでもすべてがうまくいくと証明する必要もない。誰が何をしようが気にしなければいいだけのこと。必要ならば泣きなさい、涙の泉がすべて枯れるまで」

大事な人に心配をかけまいと平静を装っているあなたへ――。**自分が泣きたいときは、思いきり声を上げて泣きなさい。その過程を越えてこそ、晴れ晴れとした気持ちにもなれ、再び歩き出す力が得られるのだから。**

3／思いっきり折った無駄骨が、あなたの個性になる

私は「無駄骨」という言葉が好きじゃない。結果につながらないことに時間を費やしてしまったときとか、目的地に行くのにやたら遠回りの道を選んだときなどに「無駄骨を折った」と言うアレ。一生懸命やったのに何の得にもならなかった、という意味だ。

それにしても、この世に「無駄骨」なんて本当にあるだろうか？

ひとたび風が吹けば消えてしまう砂の城を作ったところで、それがまるで無駄なことだったと言える？　美しく造形するための砂と水のバランスや、試行錯誤の末にたどり着いた効率の良い築き方まで、砂で城を作った人だけが知りえることだってあるはずだ。これこそ経験がもたらす本物の知識だと思う。

「無駄骨」がないと人生はスカスカだ

最善を見極めるのに経験も実力も不足している若者たちにとって、こうした**無駄骨がなくなったら、人生はスカスカしたものになるだろう。**

ある若者などは、「進むべき道を行くだけで忙しいんです。うっかり無駄骨折って時間をロスしたくない」と言って、無駄骨を文字通り損失と受け止めていた。

こういう状況を心理学では「損失回避」という。結果が同じでも、得た価値より失った価値のほうがずっと大きく感じられることを意味する。

しかし、現時点での損得勘定だけで、無駄骨を全部マイナスとだけ受け止めていたら、未来の自分が損をするのだ。

以前どこかで読んだ一文に、「専門家とは、自分のテーマに関して犯しうる〝あらゆるミス〟をすでに犯した人である」とあった。これには思わずひざを打った。

現時点では損失としか思えない無駄骨も、その経験が積み重なることで成功を導

く動力になり、知らなかった自分を発見するきっかけにもなるということを意味するからだ。

何よりも、まだ何者でもない若い人こそ、無駄骨は必ずしておくべき神聖な労働なのだ。**自分がやりたいことや得意なことが分からなくても、ひとまず何にでも挑戦してみないとその答えも分からない。**「上手にはできないけれど、とにかく楽しい」「意外に自分はこれが得意かも」なんていう発見が、その答えになる。このように、経験を積み重ねておけば、いざという選択の瞬間に有利に働きもする。これぞ先行投資だ。

それにもかかわらず、「あそこで遠回りしなければ自分はもっと早く就職できていたのに」などと言って自分の行動を過小評価したり否定したりするのは、若い人たちの心のどこかに「目的地にいち早く到達できる近道があるはず」という思いがあるからだろう。

しかし、人生に、誰にでも通用する効率的な正解はない。

ただ、自分が望む目標を叶えるために、その人なりのやり方で努力し、その過程で自ずと人生のノウハウが生まれる――それだけのことなのだ。

今やっている無駄なことがいつか意外なところで役に立つ

小さい頃、私はお人形の洋服作りにのめり込んでいた。編み物も好きだったから小さなマフラーやベストも編んだし、型紙からおこしてワンピースを縫ったりもした。同じ趣味を持つ人なら理解してくれるだろうが、裁縫も編み物も一度始めたらやめられない。絶対に完成させたいという意欲が湧いてくるからだろうか？

しかし、医大に入って学業が忙しくなってからは、そうした趣味からは遠ざかってしまった。勉強だけでも手一杯なのに、裁縫なんか時間の無駄だと思っていたからだ。

ところが、その裁縫の技術が意外なところで生かされた。病院でインターン勤務をしていた頃の話だ。初めて患者の傷を縫合したところ、思いがけず先輩に褒められたのだ。本当に初めてなのかって。

布を裁ち縫い合わせて遊んでいた経験が、こんなところで生かされるなんて誰が想像した？　その瞬間、私は「人生の秘密」を一つ知ったのだ。世の中には無駄なことなど一つもないってことを。だから、**今あなたがやっている無駄だと思えることだって、いつか意外なところで役に立つかもしれない**のだ。

パンクファッションのアイコン、ヴィヴィアン・ウエストウッド。彼女は、30歳になる頃に花形職業だった教師の仕事を辞してデザイナーの道に踏み出した。アートもデザインも学んだことのない彼女の選択に、周囲は無謀すぎるとあきれたそうだ。

しかし彼女は、後年、エリザベス女王から勲章まで授与されるほどのファッション界の頂点に立つ存在となった。結果を見れば、あの時の彼女の選択は正しかったと言える。

しかし、もし鳴かず飛ばずで教師の道に戻っていたとしても、デザイナーとして活動した経験は彼女の人生に何物にも代えがたい宝として残っただろう。どう転ぼうが、やってみたかった仕事をして、その過程で誰よりも楽しんだのだ。彼女がもし安定を失うことを恐れて夢をあきらめてしまっていたなら、決して得られなかった結果だ。

失敗が多いほど人生の後悔は少なくなる

「人生は過程の連続で、結末があるわけではない」

これは、39歳でデビューして以来、100編以上の作品を残した小説家の朴婉緒《パクワンソ》が残した言葉だ。

彼女は人生を登山にたとえ、「苦しい道のりの末にようやく頂上にたどり着いても、そこで味わえる歓喜はほんのいっときです。もしこれが人生であるなら、**山を登る最中にも喜びを見出そうとすべきなのではないでしょうか**」と説いた。

実際、彼女は文章が浮かばないときには、「軍事境界線を警備する歩哨兵よりも粘り強く」原稿に向き合ったという。それこそ無意味にも思えるような過程を楽しめる人でなければ、到底乗り越えられなかった瞬間の連続だったに違いない。

無駄骨というと、まったく何の身にもならなかったことのように思うが、実際はその試行錯誤の過程自体に得ることがあるものだ。

それなのに私たちは、無駄に見えることにはやたらケチをつけたがる。仕事でも趣味でも、何かをするからには努力しただけの結果が必ず伴うべきだと考えるため、これがチャレンジへの足かせとなる。

一昔前までは「若気の至り」という免罪符の下、冒険は若者の特権だと考えられていたものだが、今は状況が様変わりして若者の意識まで変えてしまった。今の社会では、プランAが失敗したからとプランBを試すことは簡単ではない。だからこそ試行錯誤が少ない道、誰かがすでに辿った道を選ぶほうが安全だと考えるようになるのだ。

やりたいことをちょっとかじってみたくらいでは、すぐに何かの役に立つことはないかもしれない。しかし**何かにチャレンジしたという経験の種《たね》は、40歳や50歳になってから、あるいはもっと先で花を咲かせることもある。**

終身雇用という概念がなくなった昨今、40代半ばで引退を考える人によく出会う。彼らの多くは、「この先、どう生きていったらいいのか分からない」と言う。もし彼らが若いうちから、一見的外れのような場所にも種を蒔《ま》いていたらどうなっていただろうか？　日本の精神科医である斎藤茂太はこう言っている。

「たくさん転んだ人ほど軽やかに起き上がる。逆に**転ばない方法だけを学んでき**

た人は、起き上がり方も分からないもの。大切なのは、転ばないことよりすぐに起き上がることなのだ」

そのとおり。無駄骨を避けることによる一番の弊害とは何だと思う？　ひとえに経験が不足することだ。それは本人の将来を大きく左右することとなる。

何よりも、40歳になり、50歳を超えると、守るべきものが増えすぎて気軽に無駄骨も折れなくなるのだ。やはり冒険は若者の特権のようだ。

フランスの小説家アナトール・フランスは、「私は賢さからくる無関心よりは、熱中したバカさ加減のほうが好きだ」と言っている。

まったく言い得て妙だ。**たくさんチャレンジすればその分失敗も多くなるが、人生の後悔は少なくなる。**しかも世の中のあらゆる条件を満たし、人を満足させる完璧な選択などもまたないのだ。だから失敗のない選択肢を選ぼうとしてためらったり、選ばなかったものの価値を測る「機会費用」といった言葉に萎縮しないでほしい。

今、思いきり無駄骨を折って積んだ経験こそが、あなただけの個性であり、あなただけの人生の重みとなるのだから。

4／「無条件の愛」なんて世の中にはない

赤の他人だった2人がふとした瞬間、互いにとってかけがえのない特別な存在になる。この人なしの世界など考えられないという魔法にかかるのだ。**人間なんて星の数ほどいるのに、私はなぜこの人に心惹かれてしまったのだろう？**

「それは運命だったのだ」と言う人もいる。運命であろうとなかろうと、どんな愛も始まった瞬間から星のように輝く。その星が瞳の中にキラキラと舞い降りると、人は相手のちょっとしたことまで見逃さず、すべてがすてきに見える力を得る。いわゆる「恋は盲目」というやつだ。

自分が愛しているのは相手か、相手の条件か？

娘よ、あなたも恋愛を成就させて結婚したから、「恋は盲目」がどれほど神秘的なことなのかよく分かっているだろう。恋に落ちると、人は相手の良い面を極大化し、悪い面には蓋をする。世界にこれ以上の完璧な人はいないってほど美化するわけだ。

恋に落ちた人は、相手に「自己理想」の一部を投影する。自己理想とは、そうありたいと努力しても決して到達できない理想の自分の姿であり、「勤勉であるべき」「人に尽くすべき」「成功すべき」といった、幼い頃から親に植え付けられた固定観念のようなものでもある。

つまり、恋に落ちているときというのは、自分が到達できない理想や価値を、恋する相手はすべて持っているだろうという幻想を抱いている状態だ。自己理想を自分から他者に移してしまうのだから、恋愛というのは大したものだ。

ところで、社会が個人に要求する条件が多すぎるせいか、今の若者たちは自分に対する期待値がべらぼうに高い。目標が高いのは悪いことではないが、**自己理想が高いほど、その理想を移すべき恋の相手を選ぶ基準も厳しくなる**のは問題だ。

本来なら申し分のない相手が目の前に現れても、恋愛に発展させたり、相手をじっくり知る努力もしないまま早い別れを選択するようになる。そう、Ｉさんとその彼氏Ｄさんのカップルのように。

付き合って3年目。友人の紹介で出会った彼らは運命のように恋に落ち、時に他愛もないケンカもしながら愛を育んでいった。

それが今、ＩさんはＤさんと別れるべきか頭を悩ませている。きっかけはＤさんが大企業を辞めたことだった。数年間不況にあえいでいたＤさんの会社は、事業の縮少に伴って彼に専門とはほど遠い部署への異動を命じた。エリート街道をひた走っていたＤさんは、この不本意な配属先での勤務にすっかり疲弊し、ついに転職を決意する。

長い転職活動の末、現在Ｄさんは、前職とは比べものにならないほど小さな会社で新しい仕事を学んでいる最中だ。

その間Ｉさんとしては、彼氏がこの経験で挫折しないようにと気を使いながら過ごしてきた。そんな折、些細《ささい》な出来事からDさんがイライラをぶつけてきたことが発端となり、張り詰めていた糸が切れてしまったのである。

「頼りがいのあった以前の彼はどこへ行ってしまったのでしょう？」

望まない辞令に退職、転職を経て、心労続きだったDさんがナーバスになってしまったことにも一因があるだろう。

しかし、本当の問題点は、Iさんが彼の新たな選択に納得できていないところにあった。

Dさんとしては、聞こえはよくても歯車の一つに甘んじるしかなかった大企業より、小さくても自分の専攻にマッチした今の職場で専門性を生かしたいと考えていた。

しかし、Iさんは、誰もが知る大企業で働いていた彼の姿が恋しいのだ。もちろん彼のことは愛しているが、**彼女にとっては自分が思い描いていた理想の夫像としての条件面もとても重要だった。**

そんな彼女を見かねた友人から、「35歳になる前にお見合いでもしたら」と勧められたことで、ついに心が揺らぎ始めた。

「私が心から惹かれていたのはDさん自身？　それとも彼の肩書きだったの？」

「恋に落ちる」には条件が必要

恋愛対象を語るとき、ルックスや年収、経歴など理想の条件だけを露骨に並べ立てる人は敬遠されがちだ。本音は皆似たり寄ったりだったとしても、通常はあからさまにしないことがマナーであると考えられている。

また、無条件の愛こそが真の愛だという社会通念的なものも影響しているだろう。真の愛とは、条件ではなく、その人だから愛するというものだ。

ルックスや経済力、健康面は変わりうるものだが、その人がその人であることには変わりはない。その相手がどんな外見になろうと、失敗しようが体を壊そうが、そばで相手を支えることこそが真の愛だ。

とはいえ、無条件の愛なんて本当に可能だろうかとも思う。実はこれについては**多くの学者たちが、「恋に落ちる過程に、〝条件〟は付きものである」と語っているの**である！

その条件とは、経済力に始まり、性格、ルックス、言葉遣い、仕草など多岐にわたる。愛する人を選ぶ基準を〝条件〟と呼ぶなら、この条件は、たいてい幼い頃に形成された無意識によって決定づけられている。

よく耳にする俗説の中で、「人は自分の親に似た人を恋愛対象に選ぶ」というものがある。たとえば、クールな母親に育てられた男性はクールな女性に魅力を感じるという例。幼い頃に脳に刷り込まれた愛のプログラムが、大人になっても機能するようにだ。

その一方で、「人は自分とまるで正反対の人を好きになる」という俗説もある。たとえば、愛されずに育った女性が、愛情をたっぷり注いでくれる男性を選ぶという説だ。しかしこの場合、実際に結婚して暮らしてみると、思いやりがあると思っていた男性が実は冷淡な性格であることが判明するケースも多い。これは女性が無意識のうちに愛を与えない男性を選んでいた結果だ。つまり、愛されずに育った幼少期の対象関係を繰り返しているわけだ。このことをフロイトは「反復強迫」という概念で説明している。

こうして人間は、自分でも気付かないうちに無意識によって恋愛対象を選んでいる。その過程では、**相手をありのままに見つめるというより、自分の望み通りに取捨選択して判断しているといえるだろう。**言い換えれば、無意識が多くのことを都合よく選んで決定してしまうのである。

だからフロイトは、「我々が選択する愛は決して偶然に成り立ったものではなく、恋愛対象の発見は、すでに決定された過去の関係の再発見でもある」と述べているのだ。

すなわち恋愛とは、自由な選択であるようでいて実は決定論的であり、**運命のようでありながら、すでに多くの条件が含まれている**ものというわけだ。

今付き合っている相手を安易に手放してはならない

Iさんが手放したくなかった〝条件〟とは、Dさんの学歴やステータスなど、分かりやすく人と差別化できる成果によって自分の存在感や優位性を立証するという、自己愛的なものだった。

冷たく言ってしまえば、彼女は、「打算的な愛によって自己実現ができる」と信じていたのだ。だからといって、だれが彼女を責められようか？　**私たちは皆、こうした欲望から自由になることはできない**のだから。

当然、Iさんが過剰に罪悪感を抱く必要もない。

今も変わらずDさんのことを愛しているのなら、彼のことを信じて待ってみることでこのピンチを乗り越えられるかもしれない。

なぜなら、先に述べたように恋に落ちる条件は多様で複雑だからだ。そこにはDさんのステータスだけでなく、性格や将来への夢を含め、Iさん自身も意識していない彼の魅力があるはずだ。

そしてたとえ無意識の選択だったとしても、私たちが最終的に出会う運命の相手とは、過去の未熟な恋愛や、そんな恋愛に耐えてきた歩みがつないでくれたものである。

考えてみれば、無意識によって恋愛対象が選ばれる過程は、幼少期にこじらせたままの心の問題を、相手との関係を通して解決するチャンスなのかもしれない。

苦しみが伴っても堂々と向き合って解決しようと努めることで、私たちは人としてもうひとつ成長することができる。恋愛がもたらす最大のプレゼントが、こうした「人としての成長」ではないだろうか。

音符を知れば楽譜が読め、文法を知れば会話ができるように、**愛も段階を経て学んで身に付けてこそのもの**。こうしたことが、今の相手を安易に手放してはならない理由だ。

だから、もしその恋で別れを決意したとしても、なぜその人を愛するようになったのか、なぜ別れを決めたのか、その過程を振り返る時間を持ってほしい。

「どうせ破局するのなら時間をかけるだけ無駄なのでは？」とせせら笑う人には、私はこう言ってあげたい。

「それでもひとり合点して恋愛を終わらせたって、あなたに残るのは後悔だけ。次の恋愛でもまた同じ失敗を繰り返すだろう」と。

目の前にある恋愛を大事にしてこそ、次の恋でもっと上手に愛せるのだ。

恋愛を絶対にバカにしないで

こうした「無意識が恋愛対象を選んでいる」という話をすると、中には、「ほらね、この世に真の愛などあり得ないんだから」と恋愛を見下したような態度を取る人もいる。

しかし、本当にそれでいいのだろうか？
恋愛に対していつまでも斜に構えているつもり？
むしろ私は、無数の人々の中から選んだたったひとりが、たとえ幼少期の経験によるものだったとしても、お互いが生きてきた歴史によって結ばれた縁であるということのほうに、いっそうの切なさと神秘的なものを感じるのだけれどね。

どうか恋愛をバカにしないでほしい。無条件の愛だけが真の愛だなんて言わないこと。**人間は誰しも自分なりの条件に従って恋に落ちるものなのだ。**

だからといってその愛が純粋じゃないということはない。

それにどのみち私たちは、その愛の裏側を知りつくすことも、コントロールすることもできないのだから。

だからこそ、今の恋愛に忠実に。

5／「自分を大切にする」とは「すべての感情を許す」こと

「ママって私を育てるときに、口は出しても強要はしなかったよね？ それでも絶対にこれだけはやりなさいってことが、一つくらいはあったんじゃないの？ だとしたら何？」

思いがけないあなたからの質問に、しばし考えてから私はこう答えた。

「そうね……。あえて言うなら、**自分の心を大切にしなさい**ってことかな」

それを聞いたあなたはただフムフムと頷いていたけれど、今回は、あの時に詳しく伝えられなかった話をしようと思う。

不確実な世の中で、私たちをしっかり守ってくれるのは何だと思う？

健康やお金、仕事、親、配偶者など、人それぞれにあるだろう。

確かに、健康でお金があれば誰かに依存することもなく自立した暮らしを送ることができる。また、社会的にゆるぎないステータスや人脈があれば、トラブルが起きても自分と家族を守ることができる。だからこそ人は、お金やステータスのために泥仕合を繰り広げたりもするのだろう。

しかし、そうしたもののために心を病み、時には自死という悲しい手段ですべてに別れを告げる人を見るにつけ、私は、それらが人生の大切な価値を支えているとは到底思えない。なぜなら、**心が折れてしまえば、お金も健康も社会的ステータスも、何の意味もなさない**からだ。

それなのに毎日無防備にさらされているのが、私たちの心なのだ。

言葉遣い一つで人の心は壊れてしまう

私たちの体は、あらゆるウイルスや有害物質、有形無形の事故や災害にいつでもさらされている。だから食事に気を配ったり予防接種を受けたりして免疫力を高め、安全な家の中で暮らしながらトラブル回避に努めるわけだ。

心も同じだ。人間は、不安やストレスを軽減させるためにいくつもの「防衛機制」（フロイトが提唱した、自分を守ろうとして無意識的に起こる精神的メカニズム）を作動させている。

ところでこの防衛機制というものは、心の成熟度や状況に応じてうまく機能することもあれば、過度に働きすぎて逆効果となることもあって、実際、これほど頼りないものもない。「あなた最低ね」という友人の無神経なひとことなど、**ちょっとした言葉遣い一つでも一瞬のうちにゆらいでしまうのが人の心の防衛機制だ。**だからこそ、健康に気を配るように、心も傷を負わないように予防処置をしておくべきなのだ。

心を守るというのは、余計なストレスやゆがんだ葛藤に押しつぶされて心が疲弊しないよう、未然に防止することである。こうしたものに無防備に繰り返しさらされると、やがて憂鬱や不安、無気力といった症状の形で警笛を鳴らすことになる。

押し殺した感情が心も体も蝕《むしば》んでいく

28歳のUさんは、非の打ちどころのない優等生だった。会社でも頑張り、人が嫌がる仕事も引き受けた。ほかの人たちが忙しければ代打を買って出るほどで、周囲からもありがたい存在と見なされていた。

ところが昨年あたりから、彼女は原因不明の無気力と抑鬱感に襲われるようになった。他人の仕事まで手伝っていれば当然仕事は増えるしかないのだが、やがて休みを返上してもこなせない状況にまでなってしまったのだ。

そんな現状を、Uさんは自分の力不足のせいだと思っていた。**会社を休職することになっても、責任を果たせなかった罪悪感から自死すら頭をよぎるほどだった。**

「この世は責任を負うことばかり。どうして私の人生はこうなのでしょう。まるで他の人のための人生を生きてるみたい」

うつろな目でUさんがこぼした。彼女は他人には甘いのに自分自身にはやたら厳しく、相手が望むことには自分を犠牲にしてでも合わせるべきだと考えていた。どんな瞬間も自分の気持ちは後回し。いや、それよりも、**彼女は自分の感情を見つめることを恐れていたのだ。**

Uさんとのカウンセリングを重ねるうちに、彼女の心がなぜこれほどまでに小さく萎縮してしまっていたのか、その理由が分かった。

彼女の父親は、毎晩のように酒を飲んでは暴力を振るう人間だった。幼い彼女にはそれに対抗する力がなかったが、それでも長女だからと朝は下のきょうだいたちの世話をし、夜は父親から母親を守る女戦士に変身した。

無力な母は、そんなUさんを「わが家のヒーローだ」と称賛したが、Uさんの心の中は、一度も甘えさせてくれない両親への恨みや、大人が果たすべき役割を子に押し付けた母親への憎しみ、家族を不安に追い込んだ父親への怒りが渦巻いていた。

その一方で、両親のことを憎む自身に対する罪悪感にも苦しめられていた。こうした自分の怒りと罪悪感がいつか爆発してしまうことを恐れていた彼女の無意識が、結局はあらゆる感情をブロックさせた。そして責任感一つでロボットのように動き、山と積まれた仕事を淡々とこなしながら生きる大人になったのである。

しかし感情はいつか爆発するもの。**適切なときに表現できなかった感情は、むしろより大きな怒りとなって噴出したり、原因不明の緊張や漠然とした不安、理由なく湧き上がる苛立ちとなって表現されたりもする。**ひどい場合は体を蝕み、病となって現れる。

Uさんが、会社での行き過ぎた責任感とストレスから最悪の選択までを考えるようになった背景には、こうした理由があった。

感情を表現する勇気を持つ

人は、不安、恐れ、怒りなど、ネガティブな感情は抑えるべきだと考える。

しかし人間の感情は、こうした感情も含めて一本道を流れている。もし、ネガティブな感情を避けようとしてこの一本道を塞いでしまえば、喜び、幸せ、歓喜といったポジティブな感情まで制限されることになるのだ。

心理学者のエイブラハム・マズローは「**心の中の地獄を避けようとすれば、心の中の天国も遠ざかる**」と述べている。Uさんがまさにそれだ。両親に対する怒りと罪悪感を避けようとするあまり、喜びも幸せも感じられなくなってしまった。

私はそんな彼女に、デイヴィッド・グリフィスが書いた「強さと勇気の違いとは」という詩をプレゼントした。

警戒するには強さが、
警戒を解くには勇気が必要だ。
他人の痛みを感じるには強さが、
自分の痛みを感じるには勇気が必要だ。
感情を隠すには強さが、
感情を表すには勇気が必要だ。

Uさんの心の中には、今でも親の愛を欲する子どもが隠れていた。それまでUさん自身がその子の傷を隠し、感情を押し殺そうと努めてきたが、今こそ、勇気を出してこの子どもと向き合うときだった。

それまで心の奥にしまい込んで凍り付いてしまった罪悪感と怒りを直視するということは、生易しいことではない。その過程があまりにもつらく苦しいため、多くの患者たちが体に染みついたそれまでのやり方に戻ろうとする。

しかし、Uさんは負けなかった。両親の犯した過ちに正しく怒り、目をそらしてきた自分の中の傷ついた子どもに心から謝罪した。

そして**これからは、他人の期待を裏切ることになっても、自分の人生を生きると決心した。**

自分の感情を表現するために勇気を出すと決めたのだ。

ふわふわの柔らかな心で生きる

自分の心をケアするということは、心の中に湧き起こるさまざまな感情を許すという行為だ。

無視し続けた感情は、思わぬ方法や強さで爆発する。そうして取り返しがつかなくなる前に、適切な範囲内で流してやり、認めなくてはならない。

羞恥心、罪悪感、不安、疑念などが浮かんでも、「今、こんな感情が生まれているのだな、当然だよ。認められたい、愛されたいと願うのが人間なのだから。うまくやろうと頑張った結果なんだから、十分理解できる」というふうに、自分をあやしてやるべきなのだ。これが心のしなやかさであり、心の弾力性でもある。

もちろん心にも沸点があり、ある一点を超えると爆弾が弾ける。そして人は、この沸点を意外にも高いところに設定しているのだ。

「この程度なら、大したことない」「自分より苦しい人たちだってたくさんいるんだから」と、無理に自分を律しようとする。しかし、**風邪気味なら早めに就寝するように、心も病に倒れる前に早めの休息が必要だ。**

難しいことはしなくていい。ちょっとつらいなと思ったら、好きなものを食べたり、好きな人に会ったり、美しい風景や心癒されるものを見に行ったりするだけでいいのだ。

何を悠長《ゆうちょう》なこと言っているんだって？　いやいや、こういうことがバカにできないのだよ。こまめに休みを取ることこそ、心の弾力性を維持する最もコスパのよい方法なのだ。
「**一度でも深く傷ついてしまうと、心は回復にとんでもない時間を要する**」ということを、しかと肝に銘じておいてほしい。

若い頃は、自分を守るためにもとにかく強くなりたいと思うもの。ステータスや財力に目が行く理由も同じだ。

しかし長く生きているとしみじみ実感するのが、強くなるのと同じくらい、心を守ることがいかに大切かということだ。

心を守るための一番よい方法は、ガチガチの硬い心ではなくふわふわの柔らかな心でいること。

あなたも、心の底から思いきり泣いて、笑ってごらん。

すべての感情をスムーズに流して、さまざまなことを欲張りなくらいにやってみて。どんな試練が訪れようと、心をあやすことをケチらないように。母は心から願っている。

6／人に頼むのも、断るのも、ためらわなくていい

数年前のことだが、後輩医師に泣きつかれたことがある。「自分が周囲に迷惑をかけるだけのダメ人間になったみたいで心苦しい」と言うのだ。

彼女は幼い頃から何事もテキパキとこなす優等生で鳴らしてきた人。勉強も得意で医学部にも現役合格し、大学でも成績優秀で落第することもなく専門医になった。ハイウェイを行くスポーツカーみたいにスイスイと人生を駆け抜けてきて、誰かを煩わせることだってなかった。

それが出産を機に180度変わったのだと言う。遅くに結婚して産んだ子が3歳になるまでの間、彼女は「お願いします」「すみません」を口ぐせのように繰り返す人となっていた。仕事で遅くなる日は、子どもを預かってくれる人に「必ず早めに戻ります。よろしくお願いします、すみません」と頭を下げ、遅くなりそ

うなときは焦りで生きた心地がしなかった。また、公共の場で子どもが騒ぐようなときも、子どもを強く制止しながら「すみません」「申し訳ありません」を連発した。

それまで人の助けなどなくともすんなり生きてこられたのに、今や誰かの手を借りないと一日たりとて生きられない存在になってしまった。彼女はそんな自分があまりにもみじめで情けないのだと言う。

毎日薄氷の上を歩くような親の心境を、同じようにあなたを育ててきた私に分からないはずがない。

どんなに母性愛にあふれた人だって、何かのスペシャリストだって、育児となれば話は別。いつでも誰かの手を借りなければならないのが親の人生というものだ。そしてそうやって過ごすうちに、**人間という存在が、互いに助け合うしかないつながりの中にいることに気付くのだ。**このつながりは、どんなに優秀な人でも断ち切ることのできないものだ。

なぜ人は誰かに頼ることをためらうのか？

昔みたいに何ごとも一つの村でまかなえていた時代は、迷惑というのは自然なことだった。互いに面倒をかけ合いながら、持ちつ持たれつ乗り越えていけたから。

しかし、現代社会へと移る中で個人の匿名性が高まると、人との助け合いが難しくなった。相手が誰かも分からない中では、自分が施した分が返ってくるという保証もない。加えて、この厳しい競争社会。もはや誰かを助けようという余力すら残っていない。こんなことが積み重なると、**「自分の問題くらい自分で解決してよ」**と、誰もが腹の中で願うしかなくなる。

また、現在の能力主義の社会も、人に頼むという行為のハードルを引き上げている。**「人に頼ること」がすなわち、自分の能力不足を認めているように感じられる**からだ。前述の後輩医師も、育児の問題をひとりで解決できないと認めることのほうに抵抗を感じていた。何ごともひとりでサクサク解決してきた優等生スタイルの人が、簡単に人に頼れない理由がここにある。

ところで、頼みごとに抵抗がある人の心の奥を覗き込むと、また別の原因も見えてくる。実は彼らは、**人に頼ることによって弱みを握られ、自分が不利になるかもしれないと恐れてもいる**のだ。

こうした彼らの心境は、大国に囲まれた弱小国の境遇に似ている。いつ攻め込まれるとも分からないという恐怖心から、ぐるりと壁を巡らせた結果孤立する。「自分の問題は自分で解決できるから立ち入らないで！」と叫んでいる間に、物資も文化も途絶え自滅を招くようなものだ。

すべてをひとりで解決できる人などいない

自分の領土を自力で守れる国は、他の国にもすすんで門戸を開き、助け合いながら共栄を目指す。結果、人々が自由に往来し、経済的にも文化的にも発展しながら豊かさを増していく。

心もこれと同じで、**自尊心が強い人、つまりどんな状況にあっても自分が自らの人生の舵取りとなり、状況を切り開くのだと考えている人は、頼みごともうまい。**人の手を借りたからといってそれで自分が傷つくこともなく、また、手を借りなければ自分自身も困るという事実をよく分かっているからである。

言い換えれば、自尊心が弱い人ほど頼みごともうまくできず、自分をさらけ出すこともできない。**もしあなたが人に頼ることに苦手意識があるのなら、ためらっている間に失うことのほうに目を向けてみるといい。**

会社で大問題が発生するときに、最もよくある原因が何だか分かるだろうか？ズバリ、問題が起きていることに気付いていながらも、当事者がそれを外部に共有しなかったときだ。

さっさと誰かの助けを求めていれば十分にリカバリできた問題が、ひとりで解決しようと焦っている間にタイミングを逃して手の施しようがない状態になる。

自分の手に負えない問題に直面したら、うじうじ悩むよりも潔く他人に助けを求めるに限る。

世の中のあらゆる問題をひとりで解決できる人などいない。もっと言うと、有能だと一目置かれる人たちの中で、その仕事をすべて自分だけで遂行する人はひとりもいない。彼らは、自分ひとりの力だけではすべてこなせないことをよく理解していて、足りない部分を補ってくれる人たちの手を借り一丸となって良い結果を出そうとする。そうやって助け合うことで相乗効果を発揮し、最高の結果を生み出しているのだ。

だからあなたも、人に頼みごとをしたり、手を借りることをためらわないで。

そして、困っている人には二つ返事で手を貸せる人であってほしい。

断れない人は怒りの感情を押し殺している

ここまでは、他人に弱みを握られはしないかと依存を恐れる人たちについて話してきた。彼らは他人に入り込む隙を与えまいと固くドアを閉ざしている。

ところが反対に、**不当に入り込まれているのに自らドアを全開にしてしまう人もいる。**いわゆる「断れない人たち」のことだ。

あなたの周りにも、「イエスマン」と陰口をたたかれている人がいないだろうか？

どんな頼みが来ようと、彼らの答えはたいてい「イエス」だ。上司が仕事を押し付けてこようが、同僚に休日を交替してくれと言われようが、ひいては、友人からの借金の頼みや、知人からの保険の勧誘にも「イエス」と言ってしまう。

最初のうちこそ周囲から救世主のように感謝されていたイエスマンも、やがては何でも受け入れてくれて当然だと都合よく利用されるようになる。挙句の果てには相手からこんなことを言われもする。

「できないなら断ってくれればいいのに。断らないから頼んだんだから！」

こうした理不尽な態度を取られながらも、なぜ彼らは断れないのだと思う？

本人が自覚するところとしては、断ることで相手が気分を害するのではないか、そうすることで相手から非難されたり、嫌われたりするのではないかという恐れや不安がある。

しかし、こうした恐れや不安の根底には、自分の攻撃性をあらわにすることへの不安が潜んでいる。つまり、**理不尽な扱いに腹は立つものの、うっかり怒りの爆弾が爆発してしまうことを恐れて、自分の感情をぐっと押し殺している**のだ。

理不尽な扱いには堂々と立ち向かいなさい

ここで確認しておくことがある。

攻撃性には、他人を傷つけるネガティブな意味合いだけがあるわけじゃないということだ。もし人間に攻撃性がなかったならば、人はこの世で一日たりとて生き延びることができないだろう。生存に必要不可欠の本能的な性質として、人は皆、攻撃性を持っている。**攻撃性があってこそわが身を守ることができ、前に進むことができる。**このときの攻撃性とは、自己防衛のための攻撃性、すなわち健康な自己主張ということだ。

子どもは2歳前後になると、ことあるごとに「イヤ」と言うイヤイヤ期が始まる。この時期に形成される自我は、口答えすることで親とは違う自分の意志があるのだと主張する。

ところで、大人が拒否することも実はこれと似ている。**拒否とは、他人の意志**

とは異なる自らの意志が存在することを明らかにし、自分がどこまで許容できるかを相手に伝える行為だ。自国の領土にズカズカ踏み込んで来た相手に、これ以上はやめてくれときっぱりと伝えるようなものである。

それまで何でも引き受けてくれていた人間が急に許容範囲を設定すると、最初は戸惑われるかもしれない。

しかし、それで相手が大変な思いをしたり傷ついたりしても、それはあくまで彼らの感情に過ぎず、そこまであなたが責任を持つことはないのだ。

何よりも、世界で一番自分のことをいたわってあげられるのは自分自身だ。だからこそ、**自分を守るためにも断り上手になってほしいし、断った後の相手の心情にまで気を回す必要もないのだ。**

時には断られた相手に憤慨されたり、陰口をたたかれたりすることもあるだろう。そんなときは、小説家の金薫《キムフン》のこんな言葉が支えになってくれる。

「人々が徒党を組んで罵倒してきた時、私はこう思った。君たちに罵倒されたからといって私自身が貶《おとし》められるわけでもない。逆に賞賛されたからといって神聖になるわけでもない。だから勝手にしなさい。君たちの言葉に左右されることなく、私は私の人生を生きる」

自分が粗雑に扱われることを、あなた自身が許してはいけない。

もし、他人から理不尽な扱いを受けたら、健康な自己主張で堂々と立ち向かいなさい。そうすれば世間はあなたを甘く見たり、粗雑に扱ったりすることもなくなる。

何よりも、**あなたが自分を大切にしない限り、周りもあなたを尊重しない**という事実だけは忘れないでいてほしい。

7／どんな逆境にも打ち勝つ力が、あなたには備わっている

あなたも、日本の「さとり世代」という言葉を耳にしたことがあるかもしれない。「さとり世代」とは、日本で80年代後半から2000年代初めに生まれた若者たちのことで、欲がない様子がまるで悟りを開いているように見えることからそう名付けられた。

彼らはクルマや海外旅行、ブランド品などに関心がないだけでなく、お金や成功に対してもあまり欲がない。基本的な生活が維持できればよく、それ以上を稼ぐ気もないという。

数年前、東京のある大学生が朝日新聞のインタビューに答えていた言葉がとても印象的だったのだが、その学生は、「外国料理なら日本でも食べられるし、外国の景色もネットで見られるからわざわざ海外旅行に行く意味がない。だからパス

ポートも持っていない」と述べていた。

この学生のように物質的な豊かさに執着せず、与えられた現実に満足しながら生きるさとり世代は、一見、禅で言うところの「無所有」（執着すべきものは何もないということ）を実践する健全な若者たちのように思えるが、内実はそうではない。

彼らは日本のバブル経済崩壊後の長期不況の中で育ち、夢や目標を抱いても叶う当てもないという現実を目の当たりにしてきた。**未来に対する希望がないから欲も出ないというものだ。**

長期不況という逆境と困難を前に、若者たちは「必死に努力したって乗り越えられるはずがない」と絶望と無気力に陥った。さとり世代が抱える危うさは、ずばりここにある。**表向きは現状に満足していると語りながら、実はその「満足感」は未来をあきらめた代価だったというわけだ。**

冷笑主義が人間を自滅させる

韓国の若者たちも、置かれた現実はさとり世代とさして変わらない。キム・ヨンハの小説『クイズショー』（未邦訳）では20代の登場人物がこう言っている。

「私たちは史上最も勉強をし、最も優秀で、外国語にも長けて、最先端のガジェットだって目をつぶってても操れる世代じゃない？　ほぼ全員が大卒だしTOEICの点数だって世界最高レベル、ハリウッドのアクション映画くらいなら字幕なしで楽しめるし、タイピングも一分間に300打は余裕、平均身長だって高い。楽器の一つくらい演奏できるし、読書量も私たちの上の世代よりもずっと多い。親の世代だったら、このうちの一つでも満たしていれば、いや、近いレベルの力さえあれば一生食べていけた。なのに今の私たちはどう？　なぜみんなぶらぶらしているの？　なぜみんな失業者なの？　私たちが一体何を間違えたというの？」

断言するが、今の現実は20代の過ちのせいではない。過ちがあるとすれば、世界経済が全体的に傾いていることと、そのあおりを食らっている大韓民国に住んでいるということだ。今の20代が育つ間、韓国経済は常に不況だった。加えて彼らは幼い頃からし烈な競争に追い立てられてきた。

そして、死ぬほど努力してようやく「平凡」に暮らせるということを身をもって学び、もはや自分たちは親世代のようには暮らせないだろうと判断した。

そのせいか、彼らはそれまでの20代と違ってあまりにも現実的だ。実現可能な夢だけを追い、何よりも「コスパ」を重視する。**今の努力がこの先いつか必ず結実して返ってくるという言葉を信じず、目の前の確実な幸せのほうに手を伸ばす。**

そんな彼らに上の世代の人間たちは「夢がない」とため息をつくが、果たして、今の20代のことを非難できるだろうか。若者たちは自分たちの置かれた境遇で、最も合理的な道を選んでいるにすぎないのだから。

今の20代がどんな未来を切り開いていくのか、正直、私にも見当がつかない。それでも私は、どんな方法であれ彼らが健やかに未来を引っ張って行ってくれると信じて疑わない。

ただ、精神科の医師としてかけられる言葉があるとするなら、「冷笑主義には気を付けて」ということに限る。大きな夢を抱かない理由が、「どうせやっても無駄。

結果はダメに決まっているんだから」なんてあきらめの境地から来ているものなら、ぜひ考え直してほしい。その言葉の裏には、「本当は精一杯チャレンジして成功をつかんでみたい」という思いが隠れているはずだからだ。

どうしても叶えたい夢があるのに環境のせいで実現が困難なとき、人は欲求不満を解消するための防衛機制として「冷笑すること」を選ぶ。**夢の価値を下げて、努力する必要のない対象にしてしまう**のである。

「旅行に行っても疲れるだけだ」「弁護士になってどうする。最近は弁護士も失業者が多いらしいよ」。こうした否認や合理化する態度が冷笑的な反応だ。欲望の対象をおとしめてしまうことで、自分のみじめさに蓋をしようというわけだ。だから冷笑的な態度を決め込んだ人たちは、何事に対しても「くだらない」とあざ笑う。

こうしたしらけた態度がもたらす本当の恐ろしさは何だと思う?

厳しくとも困難を乗り越えようと努力する人は一歩でも前進できるけれど、冷笑で完全武装した人はその場で足踏みを続けるだけということだ。結果、経験も乏しく本当に何もできない人間になるほかない。

だからこそ、厳しい状況であっても自暴自棄に生きてはいけない。**冷笑こそ、絶望に陥った人間を崖っぷちに追い込んで最終的に自滅させる張本人**だからだ。

運命に対していかに振る舞うか選ぶ自由がある

ここに極限状態に置かれた男性がいる。ヴィクトール・フランクル。ユダヤ人の精神科医だ。

1942年、彼はナチスによりアウシュヴィッツ強制収容所に送られる。彼の両親や妻、子どもたちも例外ではなかったが、やがてばらばらに引き離されて生死も分からなくなった。そんな状況下でフランクルは強制労働に追い立てられながらも、厳しい寒さに耐え、ひとかけらのパンや一皿のスープで日々を生き抜いた。

恐怖と不安、飢え、身を切るような寒さまで。人間の尊厳をも奪われた収容所での生活は残酷そのものだった。最も耐えがたかったのは、いつ自分の命が奪われるとも分からない恐怖だった。ある者は飢えて死に、ある者は伝染病で死んだ。またある者は鞭《むち》でなぶり殺され、ある者はガス室に連行され永遠に戻ってこなかった。

そんな死と隣り合わせの恐怖の中で絶望の淵に立たされながらも、フランクルは決して奪われることのない人類最後の自由に気付く。それは、どんな状況にあっても「**与えられた運命に対していかに振る舞うかを自分で選ぶ自由**」だった。

人は思わぬ状況に直面することがある。不慮の事故で体の一部を失うこともあれば、愛する人を突然失うこともある。こうした状況自体を変える力は人間には備わっていない。フランクルが強制収容所に送られるという状況を変えることができなかったように。

しかし、状況をどう受け止めていくのかはその人の自由だ。たとえば、交通事故に遭い車椅子生活を余儀なくされても、人生が終わったと悲観して自滅するのか、命があることに感謝しながら第二の人生を生きるのかは、本人の心持ち一つに懸かっている。

それだけではない。フランクルは、「**自分が生きる意味を知っている人は、どんな状況下でも耐えられる**」と語っている。実際に、収容所から生きて帰還した人たちのほとんどが、生きる意味を明確に自覚していたと証言している。

あなたは今、絶望に陥っている？

自力でできることは本当に何一つなさそう？

人は誰でも絶望に陥りやすいもの。しかし、絶望の沼にはまったままでいるのか、這い上がって希望を追い求めるのか、どちらを選ぶのかはあなたの自由だ。

フランクルが家族の消息を知ったのは、収容所から解放されてからのことで、全員が収容所内で死亡したという悲しい知らせだった。この世にたったひとり残されたという事実に絶望したフランクルはひどく苦しんだが、それでも絶望にとどまることはなかった。彼は家族を失くした悲しみを乗り越えて、アウシュヴィッツで3年間見聞きしてきたことを『夜と霧』という一冊の本にまとめたうえ、生きる意味を軸とした「ロゴセラピー」という心理治療理論を生み出して精神分析学の発展に大きく寄与した。

どんなに厳しい苦難も人間は乗り越えられる

人の一生は、数えきれないほどの逆境と苦難の連続だと言っても過言ではない。しかし、フランクルの人生を通して分かるように、**どんなに厳しい苦難であっても、人間にはそれを乗り越える力がある。**心理学ではその力を「レジリエンス」「心の弾力性」と呼んでいる。

ゴムボールを力いっぱい地面に投げつけると、ボールは落とした位置よりも高く跳ね上がる。レジリエンスはこのゴムボールのようなもので、苦難や失敗を、成功に導く原動力に変えるのだ。

アメリカの風景画家、グランマ・モーゼスを知っているだろうか？　76歳の時から絵を描き始め、101歳で世を去るまで筆を放さなかったというユニークな経歴の持ち主だ。その画歴もさることながら、1949年にはトルーマン大統領から「女性のためのナショナル・プレス・クラブ賞」を贈られたり、彼女が10

0歳になった1960年にはニューヨーク州知事により、彼女の誕生日が「グランマ・モーゼスの日」に制定されたほどの人気画家だ。

彼女は最初から有名人だったわけではない。もともとは小さな農場を運営する田舎の平凡な主婦だった。10人の子を産み、そのうちの5人が早世するつらい経験も味わった。彼女はその心の痛みを紛らわそうと刺繍《しゅう》を始め、やがて持病が進み針仕事が困難になると、針を筆に持ち替えた。

グランマ・モーゼスの絵が世に出たきっかけは、町のドラッグストアに飾られた彼女の絵がたまたま訪れたコレクターの目に留まったことだった。やがてニューヨークのとある美術館で彼女の絵が展示されるやたちまち大評判となり、〝モーゼスおばあちゃん〟の名が世に知れ渡ることとなった。

彼女は次々と訪れる試練にも負けることなく、常に前進し続けた。そしてその姿勢がずっと後になって彼女の人生をガラリと変えた。5人もの子どもを見送った経験がなかったなら、果たして彼女は絵を描いていただろうか。

ロシアの文豪トルストイが、「小さな問題で人はバランスを失う。しかし、大きな問題は人を魂の人生へと導く」と言っている。

いつでもハッピーなことばかりの人生ならよいけれど、生きていれば時にイヤなことにも遭遇するもの。つらいことに遭遇すると人はネガティブになりがちで、ひどいときには絶望までする。

そんなときこそ、思い出してほしいのがレジリエンスだ。あなたには逆境に打ち勝つ力が備わっている。そして冷笑主義に流されそうになったら、果敢にそれに背を向けてほしい。

自分の中のレジリエンスを信じれば、ちょっとしたことでは揺らいだりせず、つらい経験も「過ぎたことだ」と考えられるようになる。

致命的なことが起こったとしても、本当に死ぬしかない問題なんてまずないのだ。

試練には、そんな気持ちで立ち向かってほしい。それでこそ世界をあなたの味方に付けられるのだ。

8／人生の中心に自分を据えて、他者と共存する

「友人のことで悩んでいる」と相談に訪れた30代前半の女性Aさんの話をしようか。

Aさんは、15年来の付き合いだというその友人と一緒にいると、**いつも自分ばかり損をしているような気になってしまう**のだそうだ。

遊びに行く約束に始まって、見たい映画、食事のチョイスまで、どれも毎回友人に合わせることになり、たまに自分の意見を主張すると、「なんだか私たち好みが合わないみたい」と予定そのものをキャンセルされることもあったとか。

そんな相談を聞きながら、彼女たちの関係が一方的だと感じはしたものの、Aさんが何に一番悩んでいるのかまではピンとこなかった。

そのとき、決定打が飛んできた。先日、その友人が結婚式の招待状をよこした

のだが、共通の知人たちが続々と招待状を受け取る中、Ａさんのところにはずいぶん後になって届いたのだという。それだけでなく、Ａさんがその友人の結婚を祝う内輪だけの食事会を催したところ、友人の高校時代の仲間だという、Ａさんとはまるで面識のない人たちまでが勝手に招待されていて、そのときようやく、Ａさんは友人にとって自分がどんな存在なのかはっきりしたと立腹していたのだった。

「彼女、自分にしか興味がないんです。自分勝手にもほどがあると思いませんか？」

あらゆる人間関係には「小さなわがまま」が含まれる

社会的な動物である人間が他人から一番言われたくない言葉に「あの人は利己的だ。自分のことしか考えていない」というものがある。

だから人は、後ろ指を指されないように気を使いながら生きている。損しているように思えても我慢し、利他的な人のように他人に施し、相手に配慮する。それでも一方的に搾取されると「なぜ私だけが？」と周囲を憎みもする。

ここで言っておきたいことがある。人間の言動のほとんどは人から認められたいという承認欲求から起こっていて、利他主義の根底にも若干の利己主義が潜んでいるという事実だ。分かりやすく言うなら、**「他者のため」の行動の裏には、「あの人はいい人だ」と評価されたい、もっとチャンスやリソースを手にしたいという自分本位の欲が潜んでいるということだ。**否定したいだろうが、これは人間が生存していくための本能的な欲求であり、直感みたいなものだ。

つまり、**関係を結び合う人間の心には、相手に自分の欲を満たしてほしいという小さなわがままが内在している**（もし友人や恋人、家族に対しては何の見返りも望まず純粋に尽くすべきだと思っているのなら、それ自体が病的といえるくらいだ）。

そんなわけだから、損をしていると感じる関係においては、そこに自分が何を期待していたのかを正直に思い返してみるといい。

自分のエゴを前提にして初めて、その関係の本質が見えてくるし、その関係を続けている理由も明らかになる。それが分かれば、その関係にどのくらいのエネルギーを注ぐべきか、どのくらいの距離感で付き合うのが適切なのかの見当もつく。

とはいえ、中にはこちらがどんなに距離を置こうとしてもグイグイ踏み込んでくるタイプの人間というのが存在するもの。しかもそういうタイプに限って、自信過剰でリードを取りたがるわりに、他の人を立てたりサポートするときにはサッといなくなったりする。

こういう人たちはいわゆるナルシシストだ。ギリシャ神話に登場するナルキッソスの話は知っているよね？　湖面に映る自分の姿に恋をして寝食を忘れて見とれてしまい、ついには命まで落とした青年だ。フロイトはこのナルキッソスの神話から着想を得て、すべてのリビドーが自分にだけ向けられる心理状態を「ナルシシズム」、そうした人たちを「ナルシシスト」と名付けた。

ナルシシストは、ナルキッソスのように他人には目もくれず、ただ自分のことにしか興味がない。当然、自分以外の人間の立場や心情への理解や共感にとぼしく、機能的にしか認識できない。

ナルシシストにとって他人とは、自分のことをすばらしいと褒めたたえて受け入れてくれる単なる観衆に過ぎないのである。

だから彼らは他人との関係をうまく築けない。

他人を尊重しながら自分という個人に集中して生きる

人というのは皆ある程度は身勝手なものである。それでも、ナルシシストたちのようにとことん自己中心的だったり、他人の迷惑も顧みず自分の要求だけを満たそうとまではしない。独立した個としての「自分」を大切に思う分だけ、相手も大切であると知っていて尊重できるのが普通である。

こうした**個人それぞれの自由を尊重する立場の人を「個人主義者」と呼ぶ人もいる。**

自らを「個人主義者」であると標榜するムン・ユソク判事は、著書『個人主義者宣言』（未邦訳）の前書きで、自身の「個人主義」について次のように綴っている。

「人生における私のポリシーは、可能な限り他人に迷惑をかけないことだ。その範囲の中で、一度しかない人生を最大限自由に、幸せに生きる。人生を楽しみ、自分ができる範囲で他人にも優しくする。（中略）できる限りのさまざまな、ささやかな楽しみを味わい、そして何も残さずに静かに去る。これが私の最大の野望である」

もしかしたら、これはすべての人の望みでもあるかもしれない。

そう、皮肉なことに、**個人が自由に生きるためには他人の自由を尊重すべきなのだ。**時には一歩引いて相手に譲り、自制し、他人と連帯すべきなのである。それがこの世界で自分の自由を保障する最も確かな方法となる。

そう考えると、賢い個人主義者というのは、他人の存在を尊重しながらも、他人に振り回されることなく「自分」という個人に集中して生きる人ということになる。

もし、あなたが賢い個人主義者として生きていくつもりなら、**他人と自分との間に健全な境界を設定するといい。**許容できる範囲を決めておけば、余計な罪悪感や心配からも解放され、他人の期待に応えなくてはと思い詰めたり、過度な義務感に振り回されることもなくなり、自分を大切にできるようにもなる。

実は、**他人を尊重できる人の心の根底には、自分自身への愛がある。**自分のことを愛せない人は他人に愛や幸せを伝えられないように、自分を守る賢い個人主義が土台にあってこそ、他人への尊重や配慮が可能になるからだ。

考えてみれば、私たちはずっと、利他主義と利己主義だけが存在する世界に生きてきたようだ。自分を犠牲にする利他主義と、自分だけ得したいという利己主義の狭間にいながらも、新しい道を探そうとしてこなかった。

しかし、この両者の間に「賢い個人主義」の道があったのだ。この道なら、**自らを人生の中心に据えて、他人の理不尽な要求は堂々と拒絶しつつ、他人と共存するための譲歩と配慮は惜しまない、健全な生き方が可能なのだ。**

とは言え、ナルシシストのような自分中心で身勝手な人たちに遭遇すれば、それまで守り抜いてきたポリシーも揺らぐというもの。あまりにひどい態度には、相手と同様の強い態度に出ないと損するような気にもなる。

だけど、ちょっと待って。そんなときにこそ冷静さを取り戻すためにも、このことを思い出してほしい。私たちは「賢い個人主義」者であるということを。自分の道を自分のペースで行くのみだ。

2章

すべてうまくやろうと
頑張りすぎない

——仕事と人間関係について

9／いい職場がすべてを解決してくれるわけじゃない

20代の若者に悩みは何かと尋ねると、まずため息をつかれることが多い。そして十中八九が就職問題だと答える。それも、**「まともな職場」に就職できなかったらどうしようという悩み**なのだ。

確かに、今ほど職業格差が著しい時代もないのだから無理もない。ひとたび非正規職で会社に入れば、低賃金で不安定なのは当たり前、正社員になれる見込みも薄い。安定した職を得ようと公務員を目指す若者が増えているのも、その悩みの延長線上にあるのだろう。

私がその世代だった80年代は大卒者であれば手堅い未来が約束されていた。だから、就職活動を繰り返すたびに自分に自信をなくしていく今の若者たちのことが不憫でならない。Hさんに出会った時もそうだった。

理想的なキャリアプランで生きることは難しい

Hさんは留学経験者で語学堪能、さまざまなインターン経験まであり、はた目には非の打ち所のない女性だった。

ところが本人は大企業の入社試験に落ち続ける自分に対し、「役立たず」「いっそ死んだほうがましだ」と卑下するほど否定的だった。彼女にとって**大企業に就職することは、胸に巣くった劣等感を一発で克服する最大の切り札だったのだ。**ほんの少し目線を下げれば小規模でも安定した職場はいくらでもあったはずだが、そんな選択肢は彼女にとってないも同然だった。

同じ頃に診たMさんも根っこの部分はHさんと同じだった。彼女は長い就活の末に、希望していた大企業ではないものの同業の小さな会社に入社した。少数精鋭で新人でもさまざまな業務を任されて学ぶことも多く、丁寧に指導してくれる先輩たちにも恵まれて、それなりに充実した会社員生活を送っていた。

それなのにMさんは、大学の同期や先輩後輩に会うたびに、どうしてもみじめな気分になったという。有名企業に就職した同期から名刺を渡されても、自分の名刺を出すことができなかった。どこか恥ずかしかったのだ。

大企業に入社した同期を囲む席でも、「就活の秘訣を教えて」とか「いい人がいたら紹介して」と皆が盛り上がる中、Mさんはそっと席を外した。思い込みかもしれないが、Mさんには誰ひとり目もくれず疎外感を感じたからだ。

普段は自分なりに懸命に生きていると思っていたが、そんなことがあるたびに肩身の狭い思いをするのもつらく、学生時代に仲の良かった友人たちにモヤモヤするのも嫌だった。プライドが傷付いた彼女は同窓会に足を運ばなくなり、20代のうちに大企業への転職を念頭に動きだすべきかと悩んでいた。

若者にとって、人生の優先順位から「仕事」は外せない。しかしこのご時世、**理想のキャリアプランどおりに生きることは本当に難しい。**

それでも、出身校、職業、職場で人を判断したがる「名刺社会」のこの国で、知名度のある職場を求める思いが強くなって当然だ。ひたすら大企業を目指して何年も就職浪人したり、転職すべきか悩んだりしている彼らの心情も理解できる。

自分らしい仕事があなたを支えてくれる

しかし、こうも言ってあげたい。「仕事」をもう少し広くとらえてみたらどうだろう？　職業や職場としてではなく、「生涯にわたって行う活動」としてとらえるのだ。

人間には、「生まれたからには死ぬまでに何かを成し遂げたい」と思う本能と欲求がある。

私の好きな映画、『ある愛の詩』の原作者で脚本家のエリック・シーガルは、長い間パーキンソン病と闘った末、2010年にこの世を去った。葬儀で彼の娘が読んだ弔辞によると、彼は闘病生活の中でも、教育や執筆活動という仕事を投げ出すことはなかったという。

エリック・シーガルにとって仕事とは、「不自由になっていく体と苦痛に耐えてでも、続けていきたい特別なもの」だったのだ。

精神分析学では「自己対象」と呼ばれるものがある。いわゆる「心の支え」に近いもので、それがあることで「自己存在感」〈自分をかけがえのない存在であると感じる気持ち〉をもたらす、人生に欠かせない対象のことだ。**自己対象があると自己愛も充たされ、心の安定につながる。**

アメリカの精神分析家ハインツ・コフートは、自己対象について、次のように説いている。

「人間は、尊重して愛を〝与える対象〟と〝与えてくれる対象〟を一生必要とする。その対象は自らの一部として取り込まれて影響を及ぼす」

健康で安定した自我を育てるには、この自己対象が不可欠だ。これは必ずしも人間である必要はない。幼い頃は親がその機能を果たしてくれるが、大人の場合、**対象が何であれ、充実感を得られて、自分を支えてくれるなら、価値観、趣味、活動、仕事などそのすべてが自己対象になりうる。**

「人生は円みたいなもの。上り坂があれば下り坂もある。それでも毎日少しずつ発展していくところに面白みがあると思う」。権威あるブノワ賞の受賞歴がある世界的バレリーナの姜秀珍《カンスジン》はそう語った。

彼女の「足の指」を写した有名な写真がある。10本の指のすべてが痛々しく腫れ上がったその写真からは、彼女が生涯どんなにバレエに打ち込んできたか、その忍苦までもが感じられた。その痛む爪先で彼女は舞台に立ち続け、美しく完璧なバレエを踊るための努力をやめなかった。

足の痛みに耐えてまで彼女を踊らせたものは何だったと思う？

きっと、バレエを踊っている時が一番「自分らしさ」を感じられたからだろう。彼女にとっては、バレエが自己対象だったのだ。

1979年にノーベル平和賞を受賞したマザー・テレサにも、姜秀珍と通じるものを感じる。

インド・コルカタの貧民街で貧しく病んだ人々を救うことに生涯をささげた彼女。

マザー・テレサが自己犠牲の人生を歩んだのも、人々に献身する活動そのものが、自己対象として機能したからに違いない。

「どこで働いているか」より「どんな仕事をしているか」を誇りなさい

こうして自己対象という観点から「仕事」をとらえてみると、華やかな職業や安定した職場だけが絶対だという考え方から少し自由になれる。

このことは、これから社会に出る若い人のみならず、どの世代にも言えることだ。正社員であってもいつ肩をたたかれるか分からない昨今、図らずも早期退職の事態を迎えたとき、残りの人生は、どう過ごすのがいいだろうか？

診療室を訪れる患者の中にも、こうした意に染まぬ退職の後にうつ病になった中年男性が珍しくない。それも、誰もが知る有名企業で高い地位まで出世した人たちだ。

バリバリ働いていた頃はその会社の一員というだけで胸を張っていられたのに、**会社を辞めて肩書が外れてからは、自分が何者でもないことが耐えられない**と肩を落とす。そんな彼らの姿を見るたび、長い人生においては、会社員生活がいかに一時的なものであるかをつくづく感じる。

彼らだって、せめて仕事そのものが自己対象であったなら、やむをえず職場を去ることになっても、残りの人生に対する不安に押しつぶされることもなかったはずだ。

また、「有名な会社に入りたい」という願いの中には、それなりの企業なら年俸も高く、福利厚生が充実しているはずという思いもあるだろう。

しかし、この世にタダというものはない。会社が社員に高い給料を支払う理由はただ一つ。その分たくさん働いて成果を出せということだ。

そこまで分かっていながら、「いい会社に勤めている」という優越感一つで、休暇も週末も返上して働いたとしよう。本当にそれで人生は安泰だろうか？　長期不況のただ中だ。ある日突然クビになることもあれば、会社が倒産することもある。

だから、**有名な会社に入れなければ人生終わったも同然なんて考え方はやめよう。いい職場がすべてを解決してくれる時代はとっくに終わっている。**これからの時代、どこで働いているかではなく、どんな仕事をしているかのほうがより重視される社会になるはずだ。

ドイツで考古学を研究していた詩人の許秀卿《ホスギョン》はとあるインタビューで、「炎天下での発掘と、パソコンに向かって文章を書くこと、そのどちらも苦行であることに変わりはない。違いがあるとすれば、2カ月の発掘活動では体重が7キロ落ち、2カ月の執筆活動では7キロ増えるだけだ」と語っている。

その言葉に私は思った。「自分はこういう仕事をしています」と胸を張って言える人というのは、名の知れた会社で働く人などではなく、仕事を自分のものにするために最善を尽くし、その過程に堂々と立ち向かっている人なのではないだろうか、と――。

会社員でいる時間は、あなたが思っているよりずっと短く、人生はもっと長い。

仕事を「単なる収入源」とか「体面を保つステータス」のように考えている人にとっては、仕事は義務でしかない。

しかし、仕事を「他の何にも代えがたいもの」「唯一無二の自分を作ってくれる自己対象」だととらえて取り組めば、仕事はあなたに一生ものの自己存在感と達成感をもたらし、心の支えとなってくれる。

生きるうえで、これほど心強いこともないと思うのだ。

10／安全な道こそ、実は一番危険な道かもしれない

韓国人が自分の職業について大いに悩むタイミングはいつだと思う？　中3、高3、大4、それから社会人3年目、社会人15年目の時が多いらしい。

中3、高3、大4は進学と就職を控えて自分の将来と適性について悩む時だし、社会人15年目は今の会社にいつまでいるのか、辞めたら何をすべきかなど第2の人生を設計するうえでの悩みが浮上する頃だ。

そして社会人3年目は、「転職するなら若いうちの今しかないかも」という焦りが大きくなる時だ。

そのせいか、診療室を訪れる30歳前後の人たちが最も多く吐露するのも、職業と進路に関する問題なのだ（韓国では大学在学中に兵役に就いたり、休学して留学や資格取得、インターン経験にあてる人も少なくなく、新卒者の年齢が日本より高い傾向にある）。彼らは異口同音

に「自分が本当に何をやりたいのか分からない」と訴える。

人は一生のうちに何度も岐路に立たされる。しかし、その選択の瞬間に自分が本当に望んでいることをきちんと把握している人は少ない。加えて今の若者たちには、私の若い頃とは比べものにならないほどたくさんの選択肢がある。これではますます悩み、さまようほかない。

『韓国職業辞典』（政府機関の韓国雇用情報院が発行する職業情報書）に登録されている職業は、2019年の時点で1万6891種。2003年には7980種だったのだから、16年間でほぼ2倍に増えている。

また、若者は職業の選択に加えて、結婚という選択肢にも悩まされる。30年ほど前までは、ほとんどの女性が20代半ばまでには結婚していた。それより少し遅れて結婚することはあっても、未婚のままというケースは極めてまれだった。

ところが今は、結婚適齢期そのものがなくなろうとしているし、一生独身でいてもまったくおかしくない。今や結婚するかしないか、子どもをもうけるかどうかも、個人の選択事項になっているのだ。

選択の自由が多すぎることは呪いでしかない

選択の自由は、選ぶ立場からすれば喜ばしいことである。昔の社会、つまり、どんな家に生まれるかで大方の人生が決まっていた伝統的社会と比べれば、職業を選ぶ自由、配偶者を選ぶ自由、未来を選ぶ自由がある今の世の中は、なんと幸せなことだろう。

しかし、**選択の自由は多すぎても呪いになる。一つを選ぶために捨てることになる候補が無数にあるからだ。**また、捨てるものが多いほど、選んだ一つに対する期待値も上がり、ダメだったときに失望する確率もまた上がる。結局、何を選んでも結果に満足することが難しくなる。だから呪いなのだ。

これに関連し、コロンビア大学のシーナ・アイエンガー教授による興味深い研究結果がある。コロンビア大学11学部の学生約5百人の就職活動を追跡したところ、完璧主義の傾向が強い学生ほど多くの会社に応募していたのに対し、小さなことで満足できる傾向の強い学生は数社の応募にとどまっていた。また、数カ月後、彼らの就業状況と意識を比較すると、前者の学生たちは後者の学生たちより初年度の年俸が平均して2割ほど高かったのにもかかわらず、会社に対する満足度は著しく低かったという。これは、「もし、内定を蹴った別の企業を選んでいたらどうなっていただろう」という未練が大きいからだ。

選択の自由は、もはや私たちを幸せにはしてくれない。

幸せとは、その選択を自分がどのように受け止めるか次第だからだ。

選択した結果が分かるのはずっと後になってから

30歳前後の若者は、仕事や結婚という人生を左右する重大な選択の前に立たされている。当然、誰もがたくさんの選択肢から吟味して悔いのない選択をしたいと考える。

しかし残念ながら、**人生という長いスパンで考えるなら、20代、30代の時の選択が最善か否かを判断するのはほとんど不可能だ。**したがって、その時点ですべての選択肢を検討しようとあがいても仕方がないのである。

2011年にこの世を去ったスティーブ・ジョブズ。有名な話だが、彼は大学を半年で中退している。中退後にキャンパス周辺を徘徊していたジョブズは、キャンパス内の掲示板やベンチに書かれた文字の書体に興味を持ち、大学の生涯教育課程で書体の勉強を始める。ジョブズはこの時に学んだ書体を、後々「Macintosh」に取り入れて世界的な成功を収めることになる。

ただ、彼自身は書体がこれほど活用されるようになるとは夢にも思っていなかったという。後年ジョブズが「点をつなぐ大切さ」を語っていたように、当時は何とはなしに決めた選択が、のちに振り返ってみて初めて、結果を出す「点」だったと分かるものだ。

選択も同じこと。**そのときの選択が自分をどう導いてくれたのかが分かるのは、ずっと後のことなのだ。**

悩んでも答えが出ないときは直感を信じる

「長考に好手なし」という言葉がある。「考え過ぎるとむしろ選択を誤ることがあるから気を付けよ」という意味だが、私も同感だ。

あれこれ考え過ぎていると方向感覚を失いがち。何の行動も起こさないうちに考えるだけで疲れてしまうのだ。だからもし、あなたが悩みに悩んで決断を下せずさまよっているのなら、こうアドバイスしたい――「直感に従いなさい！」と。

友達が連れてきた新しい彼氏を一目見て、「この人はないな」と思ったことはない？

人間の脳には、理性的な根拠もなく思考を一気に結論まで飛躍させる領域があるのだ。これは「適応的無意識」と呼ばれている。適応的無意識は、私たちが生きていくうえで必要な大量のデータを、迅速かつ静かに処理する一種のスーパーコンピューターだ。

決断するとき、人間は可能なかぎりたくさんの情報を集めて熟考し、正しい決断を下そうと努力する。しかし、すべてにおいて熟考していては疲れる。だからこそ、とっさの判断が必要なときや判断材料が足りないときに、人はこの適応的無意識の領域を使うのだ。

「石橋をたたいて渡るのもいいけれど、**悩んでも答えが出ないときには直感を信じるのも悪くない**」と私が勧めるのは、ちゃんと根拠があるのだ。

安全な道に慣れてしまうと新しい挑戦ができなくなる

私は定年まであと10年のところで国立病院を退職した。安定した職場だったから周囲には驚かれたものだが、それでもあの時、私は安定よりも変化を、停滞よりも成長を選択したのだ。

それまでの病院勤めでは本当にたくさんのことを学んだ。大勢の患者に会い、彼らを治療し、後輩を指導し、論文を書き、予算を獲得して執行し、仕事の流儀がまるで違う別組織と協力することも学んだ。

ところがいつからか気持ちがそわそわして落ち着かなくなってきた。**自分が本当にやりたいこと、この先の人生に投資したいことは何だろうかと考えるようになったからだ。**

今は人生100年時代。私はようやくその半分を走り抜いたにすぎなかった。じゃあ、あとの半分、私はどう生きていきたい？　直感的に湧き上がってくる「変化への渇望」を止めることはできなかった。

そうやって自分の病院を構えて14年経った今、あの時の決断を後悔してはいない。やりたいことをやっているのだから満足だ。

安全な道は平穏と安定感をもたらす。しかし、そこに慣れてしまうと、人は、安全な道を外れないように心を砕くだけで、新しい挑戦をしようと思わなくなる。安全な道の恐ろしさはそこにある。

生きるとは新たなチャレンジをし、そこで新たな自分を発見して成長していくことなのに、その必要性を感じられなくしてしまうのだから。

誰だって変化は怖い。しかし今日の自分があるのも、少しでも変化しようと努力してきた結果だ。

ニューヨーク・メトロポリタン歌劇場のピーター・ゲルブ総裁が、ある日刊紙のインタビューで、自身のモットーは「〝リスクを冒さないというリスク〟こそ最大のリスクである」と語っている。また、危険を察知したダチョウは地面に首を突っ込んで見なかったことにするという俗説をなぞり、「リスクを冒さない人はダチョウと同じだ」とまで言っていた。結局、変化とは目をそらせるものではなく、受け入れるべきものなのだ。

一昔前より未来が不安な世の中にあって、あなたがこれから生きていく社会では、リスク回避の傾向がますます高まるだろう。

でも、「**安全な道が、実は一番危険な道かもしれない**」ということだけは忘れないでいて。

じゃあ何を選択の基準にすればいいのかって？　結局、自分自身だ。**あなた自身を信じなさい。**自分の直感に従った選択なら、どんな困難にもひるまず堂々とぶつかっていけるから。

11 「完璧な母親」なんか、目指さなくていい

地下鉄に乗っていたら、若い男性2人の会話が耳に入ってきた。

「結婚するなら家事がダメでもがっちり稼げる人がいいな。金持ちの男を捕まえて楽しようって女がこの世で一番嫌い」、ですって！

これを聞いて私が何も思わないわけはない。それならそれで、君は家事も子育ても奥さんに押し付けたりせずちゃんとやるんだろうね？　稼ぎも家事も当てにされて喜ぶ妻がどこにいるっていうのよ！

韓国統計庁が発表した2018年の共働き世帯動態調査によると、配偶者のいる世帯のうち共働き世帯は全体の半数近く（46・3％）を占めている〔編注　日本の共働き世帯はパートタイムを含むと全体の7割超。令和2年国勢調査〕。それでも残念なことに、この国の夫の家事分担率はいまだにとんでもなく低い。おまけに育児への参加も消

極的だ。育児休暇を取る夫は増加しているものの、依然として妻が毎日ひとりで、仕事、家事、育児という三つのボールを息を切らしながら転がしている状況だ。

結婚から妊娠、出産、育児に至る数年間は、女性にとって最も過酷な時期となる。**職場でのキャリア形成に集中したいタイミングに出産と育児の負担までがのしかかるのだ。**それは、ひとりの女性に、母親、会社員、妻、嫁などいくつもの役割が同時に降りかかることを意味する。

キャリアアップのために残業もいとわず仕事に打ち込みたくても、こうした役割の負担が働く女性の足を引っ張る。バリバリ働いていた有能な女性社員も結婚を機に輝きを失っていく。

育児政策研究所が発表した2018年の全国保育実態調査の結果によると、韓国の会社員女性の10人に4人が結婚、妊娠、出産を機に離職している。この裏には、妻に対して共働きを望んでおきながら、家事と子育てを妻と同様に負担すべきという点からは目をそらしている夫の存在がある。

出産と育児のために仕事をあきらめる女性たちの気持ちが、私には痛いほどよ

く分かる。私も研修医の仕事と出産・育児に追われていた20代30代の頃は、少しも気の休まる日がなかったから。思い起こせば、あなたを産んだひと月後には病院で論文と格闘していたっけ。今考えてもあの時間をよく乗り越えられたものだ。

こんな話はいくらでもある。あなたの学校行事に参加するのにどれだけ職場の人の顔色をうかがってきたか。あなたは覚えているか分からないけれど、小2の運動会の日。「3時間だけなら」と病院からの外出許可を得て、大急ぎであなたのもとに駆けつけた。校内のあちこちに敷かれたレジャーシートの上で、お母さんと一緒にお昼ご飯を食べている生徒たちの中に独りぼっちでいたあなたは、私を見つけるなりピョンピョン跳ねて喜んだのよ。そんな健気な娘を置いて2時間後にはまた病院に戻らなければならない母親の気持ちは、実際に経験してみないと分からないだろう。別れ際に「どうしても戻らなきゃダメなの?」とわんわん泣きながら訴えられた、あの時の申し訳なさといったら……。

そんな胸の痛む経験はこりごりなのに、私は何度もあなたを泣かせ、そのたびに「ごめんね」と謝ることになった。それでも私は仕事を辞めることはなかったし、結局はそれが今につながっているのだ。

そんな私が、ワーキングマザーとして生きてきた母としてあなたに言っておきたいことがある。

私はワーキングマザーを肯定も否定もしない。

あなたが会社員生活を続けようが専業主婦として生きようが、私はあなたの選択を尊重するということ。これまでやってきたように、あなたがこの先もわが道を歩んでいくのだろうって、よく分かっているから。

ただ、どんな選択をするにしても、次のことは話しておかねばなるまい。

夫や義理の親、子どもを恨みながら仕事を辞めてはいけない

出版社に勤めていた31歳のJさんは、入社2年目の頃、紹介で知り合った男性と結婚し、今は専業主婦として人生を送っている。Jさんは会社を辞めようと決心した当時のことを思い浮かべてこう言った。

「会社員生活にありがちですよね。仕事にも慣れ、繰り返される毎日に疲れが出

始めた頃に、本当に自分はこの仕事がやりたかったのかって疑問に思う。そんな頃に、結婚話が持ち上がって。私はある意味、結婚に逃げたのかもしれません」

今のところ、Jさんの選択は特に問題がなさそうに見える。しかし、**子育てがひと段落する10年後や、さらに歳月が流れて40代50代になった時はどうだろうか？**

彼女と別のケースで、47歳の主婦、Sさんの場合を見てみよう。20年間をマザコン気味の夫と暮らしてきた彼女は、これまでの不和の蓄積からうつ病を患っていた。しかし何よりも、少し前に、彼女の高校時代の同級生Aさんが博士号を取得した知らせを聞いたことで、無力感が一層強くなっていた。

Sさんは大学院を卒業して就職した企業で数年働いた後、裕福な家の長男と結婚したことで、同級生たちからの羨望のまなざしを一身に浴びていた。

一方、Aさんは専門大学を卒業し、美術塾のアシスタント講師として働いていた。

Sさんは第一子出産後に職場復帰を希望したが、義母に反対されて離職。しばらくはゆったりとした時間を満喫していたが、１９９７年のアジア通貨危機の大不況で夫の事業が行き詰まったことをきっかけに不運続きに。

Aさんはというと、お世辞にも金持ちとはいえない男性との結婚後、四年制大学に編入学して学士となり、大学院に進んで博士号を取得。さらに美術塾の経営者にまで成長した。

そんな彼女と自分を比べ、Sさんの心はぽきりと折れてしまった。「はした金を稼ぐために外に出たりしないで、家のことをしてなさいよ」という義母の言葉に素直に従った自分がバカだったと後悔した。今は、自分の娘に向かって「何があっても離職だけはするな」と口を酸っぱくして言っているという。

ところで、もし、Sさんが出産後も仕事を続けていたらどうなっていただろうか。今より幸せだったと思う？　**実は彼女がうつ病を患っている本当の理由は、仕事を放棄したことではなく、専業主婦として20年を過ごすきっかけとなった義母への憤りからだった。**

「私だって、仕事を辞めていなかったらAさんのように活躍していたはずなのに、こんなみじめな人生になったのは義母のせいだ」と思えて悔しいのだ。

しかし、振り返ってみればこれは彼女自身が選択した20年の結果だ。

一方、ワーキングマザーの中には、「家計が苦しいのだから仕方ない」と考えて働いている人たちも少なくない。Sさんが渇望する会社員生活を送っているのに「自分は不幸だ」と感じているのだ。そう、**大事なのは、専業主婦かワーキングマザーかではない。「その生き方が、自ら望んで選択したものかどうか」なのだ。**

ミュンヘン在住の建築学博士イム・ヘジさんが、ドイツ人で物理学博士の夫、息子、娘との自由な暮らしを綴った『サバを禁ずる』（未邦訳）というエッセイがある。

高学歴同士の著者夫婦は、「子育て中に最も大切なのはお金ではなく時間である」という考えのもと、高い報酬と安定した職場を放棄する。夫は給料はそこそこでも家からほど近く、時間を自由に使える職場に転職し、妻はフリーランサーとして文化財を発掘しながら子育てに専念した。

そんな「半専業主婦」の選択についてヘジさんは、「プチぜいたくやキャリアを部分的に放棄することにはなったが、今の暮らしは、家族との触れ合いや日常の共有のために自分たちで選んだ生き方。だから何一つ後悔していない」と語る。

Sさんとヘジさんの違いは、ただ一つ。今の生き方が、誰かの言いなりや状況によって仕方なく選択したものなのか、自ら望んで選択したものなのかということだ。

専業主婦でもワーキングマザーでも困難に直面するのは同じ。何を選択しても困難は付き物だが、「自分の選んだ結果だから」と受け止めるのと、「あの人のせいだ」と悔しがるのとでは、心理的な影響もずいぶんと違ってくる。

困難を突破して前に進んでいけるのは、自らが望む方向を積極的に選択した人だけ。その過程で人生を切り開く力も身に付いていくのだ。

もしもあなたが仕事を辞めようかと迷ったとき、その理由の中に、**義理の両親や夫、子どもたちを恨む気持ちが少しでも芽生えていたら、考え直すべきだ。**

あなたが仕事と育児、どちらも手放したくないなら、行動する前から怖気づいたりしないで、踏ん張りながらでも策を講じてみて。

それから、**どうしても離職せざるを得ない状況になったとしても、「ひと段落したら絶対に復職するぞ」という意思を持って辞めるように。**少なくとも社会とのつながりを保ったまま、次のステップを模索することができる。

スーパーウーマンになれなんて誰も言ってない

ワーキングマザーの心に重くのしかかるのは、家事の負担より子育てだ。

家事で体力的にしんどいことはまだ我慢できても、**子育ての問題だけは、どんなに有能なママでさえ身動きがとれなくなる。**ワーキングマザーはいつも罪人にでもなった気分でいて、子どもが熱でも出そうものなら無力感はピークに達する。

しかし、そんなワーキングマザーにとって喜ばしい研究結果がある。母親が就業者であることと子どもの心の健康には特段の関連性はないというものだ。

ロンドン大学のアン・マクムン博士は、イギリスの子ども1万2千人を対象に、母親の就業の有無が子どもの心の健康にどのような影響を及ぼすかについて研究した。その結果、**母親が就業者であるかどうかは、子どもの情緒的な健康においてネガティブな関連性がない**ことが明らかになった。

これにはアメリカ小児科学会も同様の意見を出していて、「子どもの情緒は、家族の心が健やかであるか、親から十分な愛情を受けているかに左右される」「母親が仕事を持っているか否かは特に影響を及ぼさない」としている。さらには子どもたちも、「小さいうちは母親に家に居てもらいたがるものの、ある程度成長すれば**母親が仕事を持って働いていることを誇りに思うようになる**」というのだ。

もし、あなたがワーキングマザーになるつもりなら、育児において留意すべき次のことさえ守れば、そこまで心配する必要はない。

まずは、**「パーフェクトなママになろうとしないこと」。これは専業主婦で育児に専念したとしても同じことだ。**

仕事、家事、育児をすべて完璧にこなすスーパーウーマンなんか目指さなくていい。自分に課せられた役割が増えるほど、それぞれに手が回らなくなる。これは世のことわりというものだ。

ワーキングマザーに必要なのは、状況に応じて優先順位を決めて、できれば周囲の手も借りながら解決しようというクレバーな戦略を立てることだ。

そもそも、「スーパーウーマンになろう」と肩ひじを張るほどつらくなる。つらい思いをすれば当然誰かに分かってもらいたくなるものだが、それが叶わないと今度は反感を抱くようになる。

しかも周囲には「それって、あなたが好きでやっていることでしょ」と考える人たちもいる。冷たい言い方になるが、「誰もあなたにスーパーウーマンになれなんて言ってない」ということを肝に銘じておきなさい。

次に忘れてはいけないのが、**「子育てで重要なのは量より質」**だということ。

子どもが幼いほど母親と一緒に過ごす時間の長さが重視されるけれど、その場合でも「どう過ごすか」という質的な面は考慮される必要がある。

幼児期に子が特定の他者と心のきずなを結ぶ**「愛着」の形成に重要なのは、母親が子どもに関心を持ち、できるかぎり一緒にいようと努力することだ。**それと同時に、一緒にいる時は子どもの様子に敏感に反応してみせることも重要だ。

仕事を終えて帰宅したら、ほんの数時間でも母子が互いに働きかける「母子相互作用」をしていれば、子どもは母親との間に安定した愛着を維持し、健やかに育つものだ。

三つ目は、**「子どもが満3歳になるまでは、ママは育児を最優先にスケジュール**

を立てるべし」ということだ。この時点での養育者のメインは母親であることが理想で、もし一部を他人に任せるとしても母親は子どもに関するすべてを把握しておきたい。なぜなら、人間の脳の発達が満3歳までにほぼ完了するからである。対人関係と感情の発達に影響する脳の回路もこの時期にその大枠ができあがるため、この3年間を特に大事にしてほしい。

四つ目は、「**夫や家族、周囲の人たちを自分の味方にすべし**」ということだ。

詩人の慎達子《シンダルチャ》はある新聞社とのインタビューで、女性の賢い生き方についてこう語っている。

「職場でも家庭でも問題があるのは当然です。履歴書に書く学歴が多いほど賢いのではなく、周りの人たちを自分の味方につけて解決に向かう人が賢いのです」

私もこの意見に同意する。**できないことは「できません！」とさっさと宣言し、周囲に助けを求めるべきだ。**スーパーウーマンでない以上、助けを求めるのは当たり前。だから堂々と「手を貸して」と言いなさい。それでこそ、子どもとあなたの両方を守り、ひいては家庭を守ることになる、最も賢明な道なのだ。

つらいときは50歳になった自分を思い浮かべてごらん

アメリカの大学の研究チームが1991年から10年間かけて、子育て中の女性1364人を対象に、「専業主婦とワーキングマザーの幸福度」についての調査を行ったところ、意外な結果が出た。

なんと、**ワーキングマザーより専業主婦のほうが、より多くストレスを感じていたのである。**専業主婦は、ずっと家にいることで社会的に孤立し、子どもと過ごす時間が長いことからうつ病を患う確率も高かった。

それに比べてワーキングマザーは精神的にはるかに健康で、心理的な憂鬱感も軽かった。これは、それぞれの立場でのストレスはあっても、職業がもたらす達成感と自己存在感がポジティブな影響をもたらしているからではないかと思う。この研究結果は、ワーキングマザーという生き方が、しんどくても耐えうる価値のある理由と言えそうだ。

こうした理由から、あなた自身のためにも、休職はしても仕事を完全に辞めてはならない。**どうしてもつらいときは、今よりずっと成長している「50歳になった時の自分」を想像してみるといい。**仕事も育児も苦しい20代30代を乗り越えるには、物事を長い目で見る力が必要なのだ。

人生は想像以上に長距離レース。まだまだ先は長い。体力は温存するべきだし、精神的な余裕もほしい。**すべてをうまくやろうという考えさえ捨てればできるのだ。**そうすればバテずに前に進んで行ける。私もそうだったから。

ここまで、ワーキングマザーとして生きてきた私が思うことを書いてきたけれど、あなたはこれからどんな選択をするだろう。そして、もしあなたが娘を産んだら、その子に何を語るのだろう。

あなたは私より賢いから、ワーキングマザーのジレンマをもっとクリエイティブに解決していくのだろうね。**もしうまくいかなくても何てことはない。ちょっと休んで戻ってくればいいだけなのだから、あまり悩まないで。**

あなたを産んで育児と仕事に追われながら生きてきた歳月は、苦しいときも多かったけれど、私は一つも後悔していないの。

12／この世で最も愚かな人間は、仕事を嫌々やっている人だ

あなたが会社員として働き始めて3年ほど経った頃のことを思い出していた。今だから言えるけど、常に競争にさらされるアメリカでの会社員生活が、果たしてあなたに務まるのか母は正直疑問に思っていた。うちの娘ったら、口を開けば、「別に欲はない。ただ全力で楽しく生きていたいの」なんてのんきなことを言うものだから。

そんなあなたから、「昇進の当てが外れてものすごく落ち込んでいる」と聞かされたときはいよいよピンチかと思ったけれど、なんのその、あなたはそれをバネにして、もっと自分を高めなければと心に誓っていたのだった。

そもそも、**入社3年目というのは悩みごとが増える時期だと言われている。**そ

の頃には仕事にも慣れ、日常がマンネリ化しているように思えてくる。先輩と後輩の板挟みになり、「本当にこの道でよかったんだろうか、軌道修正するなら一歳でも若いうちの今かもしれない」と自分の進路について本格的に悩み始める。

そして悩んだ末に、会社を辞めて留学する準備をしたり、転職を目指して資格取得の勉強を始めたりする。中には潔く長期旅行に出る人もいる。

あなたに伝えたい話をあれこれ振り返っていて気が付いたが、私は社会人になって40年になる。患者と向き合うことにやりがいを感じて時の経つのも忘れるほどだった時期もあれば、上からの命令でしかたなく引き受けた仕事のせいでストレスをため込んだ時期もあった。あまりのつらさに、少し休みたいと思う時期もあった。

それでも、この仕事を辞めたいと思ったことは一度たりともなかった。そんな私のことをあなたは「すごい」と言ってくれるけれど、私の周りには今も現役バリバリの先輩医師がごろごろいるのだから、大したことはない。

ただ、社会人の先輩として、まだまだこの先ずっと働いていくあなたには、次の三つのことをどうしても伝えておきたいと思う。

①どんな仕事であれ、一定のレベルに達するまで頑張ってみる

以前、仕事で出会った若い男性の話を紹介しよう。

彼は兵役特例の代替服務で、とある工場に勤務していたのだけれど、当時の上司が口を開けば暴言ばかりの人だったという。男性は生まれてこのかた他人からあしざまに言われた経験もほとんどなく、むしろ褒められて育ってきた。そんな彼にとって工場での生活はまさに地獄。暴言に耐えながらの勤務はどれだけつらかっただろうか。兵役特例でなかったら迷わず辞めていたと彼は言っていた。

興味深いのはこの後だ。男性が服務期間を終えて大学も卒業し、いざ別の会社に就職したところ、そこにも実にさまざまなクセのある上司がいた。しかし他の社員たちが音《ね》を上げる中で、この男性はそれほどつらいとは思わなかったそうだ。あの暴言上司との経験から、こういう上司にはこう対応すればいいという要領を会得していたからだ。

「ひたすら耐えるしかなかった歳月がこんな秘策をもたらしてくれるなんて、夢

にも思わなかった」と男性は当時を振り返っていた。

社会生活が長くなるとだんだん分かってくることだが、**どこにいっても自分とソリの合わない上司や同僚がいるものだ。嫌になって転職したって、転職先にもきっといる。**

だから、相性の悪い上司や同僚のことで悩んでいる人には、「ひとまず耐えてみて」と言いたい。

必死に耐えていればじきに分かる。問題が本当に相手側だけにあるのか、それとも自分の態度を改めるべきなのか。それが分かれば、転職の必要性も明らかになる。

もちろん、「耐えなさい」だなんて厳しい言葉だということは重々承知だ。それでも私はその挫折の時間が人間の成長には必要なものだと本気で思っている。スランプに陥ったときや、仕事を身に付ける過程でさまざまな壁にぶち当たったときも同じことが言える。

あなたは、天職って本当にあると思う？　もしも「天職を見つけた！」と思っている人がいたとしたら、その人が目利きだからとか運がよかったからではなく、そこに至るまでの退屈な時間を耐え抜いたからこそ、納得のいく仕事にたどり着けた可能性が高い。

誰だって楽しい仕事がしたい。隣の芝生は青く見えるもので、他人の仕事は楽しそうに見えもする。しかし、**どんな仕事であれ、その中で面白みを感じられる域に達するためには、一定以上のレベルになる必要がある。**

楽器だって、基礎練習は苦労の連続だが、それを乗り越えて自由に弾けるようになると俄然《がぜん》楽しくなるよね？　こうした基礎を磨く過程を、心理学用語で「レディネス」という。学習を効果的に進めるために必要となる身体的・精神的な準備状態のことだ。

人はしばしばこのレディネスをすっ飛ばすというミスを犯す。例えるなら、食材の下ごしらえをしないで調理しようとしたり、運転免許を取らずに公道に出ようというようなものだ。

レディネスなしでは、効率が悪いどころかマイナスにもなりかねない。仕事の計画を立てるときもこれと同じで、準備段階を適切な位置に組み込むべきなのだ。

もちろん、**仕事がいつでも達成感や喜びを与えてくれるわけではない。**非生産的なミーティングに出席しなければならないことや、無駄な書類を作らされることもある。単調な管理業務も多い。そんな仕事が続けば、大事な時間とエネルギーを無駄にしている気分にもなるだろう。

それでも、**自分のことを操り人形だなんて思ってはいけない。**

そんなときこそ、自らすすんでやりたいことを増やすべきなのだ。「やらされている」と思いながらしぶしぶ働くよりも、工夫して楽しい気分で片付けたほうが作業も早く終わるし、第一、気分がいい。

②手に負えないことはあっさり受け入れ自力で変えられることにだけ集中する

いつだったか、あなたと電話で話していたとき、「韓国の会社員生活って本当に大変そう」と言っていたよね。理由を尋ねたら、「何のことわりもなく職場の会食に引っ張り出されるから。公私の区別がはっきりしているアメリカでは考えられない」と。ほかにも韓国は仕事量も多くて残業は当たり前だし、上司の権威主義もひどいと、友人たちから聞いた話を教えてくれたっけ。

あなたが聞いたとおり、ただでさえ仕事が多くて苦しいのに、上と下の板挟みでぺったんこになっているこの国の若い社員たちを見ていると、気の毒なこと極まりない。

32歳の女性患者がそのケースだった。彼女はひどいストレスから円形脱毛症を患っていた。頭の真ん中辺りにぽっかりとあいた白い空間を見せられた時は、とても重苦しい気持ちになった。私が彼女に告げたアドバイスはただ一つだ。

「ストレスを減らすべきです。まずは〝定数〟と〝変数〟を区別しなさい」

そう。数学で言う、定数と変数を思い出すといい。自分の手に負えないものは、言ってみれば変えられない定数だ。そういう動かしようのない部分は、ぐずぐず悩まず、あっさり受け入れたほうがいい。一旦そこを受け入れてから、自分の力で変えることができる変数に集中しよう。このとき、**変数をできるだけ細かく砕いて、その中で無理なく解決できるものから片付けていくようにするといい。**そうすれば、少なくともストレスに押しつぶされるような事態はまぬがれる。

時にはストレスが一度に押し寄せてくる日もある。そんな日は、どんなに平常心を取り戻そうとしてもうまくいかない。ストレスを細分化するどころか、ただ圧倒されてしまうのだ。

私はそんなとき、集中治療室の患者たちを思い浮かべる。彼らの痛みは、24時間ずっと同じ強度で続いているわけではない。痛みにも強弱があり、危険な瞬間があっても、それを乗り越えるとしばらく落ち着いている。苦痛も同じだ。今は死ぬほどつらいと感じていても、そのつらさもやがて和らぐ時が来る。その時まで、死なずに生きてさえいれば今はそれでいいのだ。

「これもまた、過ぎていく」――。以前はこの有名な文句が嫌いだったけれど、最近は、つらいときに自分に言い聞かせている。**悪いことが立て続けに起きたときは、ただ、時が流れるのを待つのが一番だ。**下手に手を出すとストレスが重なるだけ。自分の手に負えない問題には、時の力を信じて待つしかない。

どうすることもできない〝定数〟には無理に抗わず、そのまま受け入れてみて。

③何かに没頭する経験が、仕事を楽しくしてくれる

つらい仕事、たまるストレス。このまま会社に残るべきか悩む後輩に、先輩たちがこんな言葉をかける。

「世の中、仕事が楽しくて働いている人なんていないよ。働かなきゃならないから働いているだけさ」

そうだろうか？　私はそうは思わない。会社員は平均して一日の3分の1以上を仕事のために費やしているのに、その仕事が仕方なくやっていること、単に給料を得るためだけの労働だとしたらどんなに苦痛だろうか。

ハードワークに苦しめられている人たちは、仕事ほどつらいものはないと言うが、**人が本当に耐えられないのは、退屈と無意味のほうである。**

ロシアの文豪ドストエフスキーは、「人間に科す最も残酷な刑罰とは、徹底的に無益で無意味な労働をさせることだ」と語っている。この言葉の意味を噛みしめ

れば、少なくとも、9時に出社してのらりくらり過ごして6時になったら退勤するなんてことを目標としてはいけないことが分かるだろう。

どんな仕事であれ、やる気をもってイキイキと取り組むこと。それが目標であるべきだ。やる気がくれる力が、あなたの人生を動かす大きなエネルギーになるのだから。


何かに夢中になったときのことを思い出してみてほしい。周りの雑音も耳に入らず、1時間が1分に感じられるくらいあっという間に過ぎたはずだ。

バンジージャンプの直前にただ飛び降りることだけに集中するように、すべての感情と目標と思考が一つになること。この心理状態を「フロー」という。フローの状態に入ると幸福感すら入り込めないほど集中し、終わったときには何ものにも代えがたい達成感や満足感が訪れる。この強烈な体験は、体は疲れていても生きている充足感をもたらしてくれる。

ただし、フローの状態が可能なのは、課題と本人の実力が調和したときに限られる。実力に対して課題が易しすぎたり難しすぎたりしても、没頭しづらいためだ。

最も深いフローは、「チャレンジ精神が刺激される課題」と「強い動機」が結び付いたときに起こる。これはオーディション番組の挑戦者を思い浮かべると分かりやすい。

挑戦者たちは、最初はあか抜けず技術もそこそこだが、数カ月の間に想像もつかないほどの成長を遂げる。それは、厳しいボイストレーニングやダンスレッスンに集中して取り組んだ成果であり、そこで高いモチベーションをもってハードな課題に取り組めたのも、彼らがフローの状態にあったからだ。

さらに驚くべきことは、そんなフローの状態を経験した参加者たちのその後の人生までもがポジティブに変わっていくという点だ。

そんな意味でも、**何かに没頭するという経験は、人間を学びに導き、成長させる最も確実なエネルギーだといえる。**

ある後輩の男性もそうだった。彼はほかの専攻医よりも1時間早く出勤して患者の様子を見て、率先して勉強会を作り、専攻書の初読会を開いた。

そんなふうに楽しく仕事に没頭していた彼は、今や開業医として大成功を収めている。開業医となってからも、「患者の立場から見て必要なものは何か?」ということを探索して研究を続け、そこから新たな治療法を生み出し、実践に移している。

どれも人から言われて受動的にやったのではなく、自ら挑戦すべく目標を立てて能動的に実践していった結果だ。だから楽しく仕事に打ち込みながら成功をつかんだのだ。

天職とは、一見して地味な繰り返しの過程から本人が見つけ出した「遊びのような楽しさ」が、積もり積もった結果だと私は思っている。

人間には遊びに対する本能がある。遊びは人を幸せにし、クリエイティブにする。

子どもが疲れを知らずに遊びを繰り返すのも、そこに楽しさや好奇心、そして自発性があるからだ。

大人の仕事にもこうした遊び的な要素が反映されれば、「仕事は無理してやらなければいけないもの」でなくなるのかもしれない。

義務的に始めたことであっても達成感と喜びを経験すれば、それがポジティブ

なフィードバックとなり、自らすすんで仕事に没頭できるようになる。やがてその没頭が、仕事に躍動感を吹き込んでくれる。

私もこれまでの医師生活でつらい思いをしたことはたくさんある。それでも辞めずにここまで続けられたのは、没頭するときにもたらされる「高揚感という、うれしいご褒美」があることを知ったからだ。

だからあなたにも、仕事をする上で何よりも没頭する楽しさを知ってもらいたい。そして楽しく踊るように仕事をしてほしい。

イギリスの劇作家で小説家のバーナード・ショーもこう言っている。

「**この世で最も愚かな人間とは、自分の仕事を義務だと思って嫌々やっている人間のことだ**」

まあ、あなたならショーの言う「愚かな人間」になることはないと信じているけどね。

13／内向的な性格は、無理に直そうとしなくていい

「ねえママ、内向的な性格って悪いことなのかな？」

「どうして？　何かあった？」

「友達が悩んでいてね。内気で人前に出るのも怖いし、友達付き合いにも苦労しているって。私は彼女の物静かで慎重なところがとっても羨ましいのに……」

ふむふむ。あなたみたいな人もいるのだろうが、たいていの人は、そして内向的な性格の当事者は、そんな性格を直すべきネガティブなものだと考えているのだよ。


毎年、新学期が始まると病院を訪ねてくる大学生たちの中にも、そうした問題を抱えている人が珍しくない。「ひとりで課題に取り組んでいるときは気楽だし集

中できるけど、他の学生と一緒だと緊張してストレスを感じる」「活発で積極的な学生が目立つ大学生活で、不安と疎外感を感じている」と打ち明け、そして口々に、「できることならこの性格を改めたい」と訴える。これから先の就職活動や面接、社会生活を送る上で、内向的な性格が妨げになるのではないかと不安なのだ。

確かに**私たちは、社交的で外向的であることをよしとする雰囲気の中で生きている。**おまけに移り変わりの激しい現代社会では、その変化に素早く順応できるかがその人の評価につながる。

それに加えて、一瞬の出会いが増えたことで、短時間で自分をさらけ出すテクニックも必須能力とされる。

そんな世の中だからなおさら、内向的な人が「難あり」と見なされてしまうのだろう。**外向的な人を好む雰囲気が、内向的な人を社会不適合者として追い込んでいる**のだ。

内向型の人にとって孤独は空気のような存在

一般的に、内向的な性格の人は恥ずかしがり屋だと思われがちだ。だがこの**「恥」という感情は、「自分が人からどう見られているか」という社会的判断に対する恐れや悩みからくる感情で、誰にでもある。**裏を返せば、まるで自分はステージ上の主人公で、他人は自分を見つめる観客のようなものだととらえている。それほど自分は他人の目に重要な人物として映るはずだと考えているのだ。

つまり、恥という感情には自己愛的な要素があるといえる。

しかし、たいていの人は自分のことが最優先で、他人のことなど大して関心がない。もし誰かが目の前で倒れたとしても、一瞬目を向けはするが、すぐに忘れてまた自分のことに没頭する。その間1分もかからない。

また、誰でも人前に立てばドキドキして冷や汗をかくなどの不安症状が出るものだが、これはごく自然な「恥じらい」の反応である。はた目には堂々と実力を出し切っているように見える人たちも、たくさんの練習を重ねて恥じらいを克服してきたに過ぎない。

こうした「恥」や「恥じらい」は誰もが感じるものだ。一方、内向的な性格は、生まれ持った気質である。

分析心理学者のユングによると、人間の行動は多種多様で見当が付かないように見えて、実は非常に秩序立っていて一貫した傾向があるという。彼はこの一貫した傾向を「気質」と説明し、「内向型」「外向型」に分類した。

内向型は自分自身に没頭することを好み、慎重でスローペース。静かで落ち着ける場所で能力が最大限に発揮される。反対に、外向型は強い刺激を楽しみ、人と一緒にいることを好む。決断が早く、リスクを受け入れることに抵抗がない。

もちろん、100%の内向型、外向型という人間は存在しない。誰もが内向型と外向型の間にいて、どちらにより近いかで性格が分類される。そして、**この地球上の人口の約3分の1が内向型**なのだという。

インド独立の父と称されるマハトマ・ガンジーも内向型だった。幼い頃はいつも本に囲まれて過ごし、学校の授業が終わると誰かに声をかけられるのが怖くて一目散に帰宅していたという。青年時代に菜食主義者のリーダーになったときも、あまりの恥ずかしがり屋から人前でうまくしゃべれなかったそうだ。

アメリカでベストセラーとなった『内向型人間の時代　社会を変える静かな人の力』（講談社）の著者スーザン・ケインも内向的な性格だった。ケインが9歳の夏のエピソードが印象的だ。彼女が生まれて初めてキャンプに行くことが決まると、母親がケインのリュックサックに何冊もの本を詰め込んだ。夜は家族そろって読書をするケイン家の習慣からのことだったが、キャンプ先でケインが本を広げたとたん、教師が血相を変えて飛んできて言った。「お友達と遊びなさい」。その時彼女は、「ああ、こういう内向きな性格は好まれないのだな」と直感したという。

それ以来、外向型の人間になろうと心に決めた彼女は、ハーバード大学ロー・スクールを卒業してウォール街の弁護士となり、敏腕交渉人として名声を築いた。しかし、中年になって、自分の人生をここまで引っ張ってきたのは内向型の偉大な力あってこそだったのだと悟る。結局彼女はウォール街を去り、7年間の研究の末に、内向型の力を証明する本を書き上げたのだった。

スーザン・ケインはこの本で、成功を収めた内向型人間を何人も紹介している。

万有引力の法則を発見したニュートン、相対性理論を導き出したアインシュタイン、『一九八四年』の作家、ジョージ・オーウェル、世紀の映画監督スティーヴン・スピルバーグ、アップルの共同創業者スティーブ・ウォズニアック。

彼らを例に挙げながら、世界屈指の偉人とは、「孤独の中で自分の内面世界にアクセスし、そこで宝物を見つけた人たちだ」と力説している。

強い刺激を求める外向型人間にとって孤独は苦痛でしかないが、**内向型人間にとって孤独はなくてはならない空気のような要素である。**彼らは話すことより聞くこと、パーティーより読書を好み、集団作業より単独作業を好む。

また、内向型人間はリーダーには向かないとされているが、それも偏見にすぎない。バラク・オバマ元米大統領をはじめビル・ゲイツ、ウォーレン・バフェットも皆、内向的な性格のリーダーだ。

彼らがリーダーになれたのは、静かに自分を顧みて、より深く考え、慎重に判断を下すことができたからである。

内向的な性格は気質であって、決して何かを間違えている状態ではないのだ。

外向型人間の雰囲気に飲まれず自分のペースで人間関係を築く

そうなると、問題なのは社会のほうである。

学校では学年が上がるごとにグループ課題が増え、会社ではパーテーションのない空間で他人の視線を浴びながらの仕事を強いられる。こうした刺激の多い環境や、「たくさんの人と人脈を築くことこそ成功の必須条件」だという社会の雰囲気も、内向的人間を苦しめる。

しかし、考えてみてほしい。**社会生活に成功をもたらす鍵は、なにも高いコミュニケーション力や幅広い人脈、圧倒的な話術やユーモア感覚だけとは限らない。**人の話をきちんと聞ける人、静かに自分の役割を果たす人、黙々と自分の仕事に集中する人も社会では重宝されているではないか。彼らは大きな声を出さずとも人々の心をつかみ、淡々と仕事を遂行して組織の信頼を得る。

また、組織を管理する上層部の人間ほど、そうした内向的な人の魅力と長所を十分に理解しているもの。だから、無理をして外向的な人らしく見せようと力む必要はない。

ただ、社会生活を送るうえで人間関係は無視できないものだ。内向的な性格の人は、その長所を生かしたコミュニケーション術を身に付けることでストレスを軽減できる。

その方法として、人間関係専門のコンサルタント、デボラ・ザックは、「**一時停止**」「**探索と情報処理**」「**ペースの維持**」という三つのルールを提示している。

内向型人間が人間関係を構築するときは、まず真っ先に動きを一時停止して戦略と計画を立てること。そして、飛び込む前に情報収集して相手を把握したのち、雰囲気に飲まれることなく自分のペースで関係をコントロールしなさい、ということだ。

内向型人間は、人の話をよく聞き、思慮深く接し、適切な質問を投げかけるなど、実は、他人と関係を結ぶ能力に長けている。だから、**自分のペースを守りながら人間関係を築くようにすれば、外向型人間の雰囲気に飲まれることもない。**心配事は間違いなく減るはずだ。

40年間、大勢の患者に向き合ってきて気付いたのだが、社会的な成功や評価、そして人生への満足度は、外向的か内向的かにはそれほど影響されないものである。もちろん、社会に出て間もないうちは、個人の生まれ持った気質や特性が人生を左右する重大な条件のように思えることもあるだろう。おまけに若い時は経験が乏しいため、不安が大きく、気も小さくなりがちだ。

しかし、内向的か外向的かにかかわらず、成功するかしないかは、その人が自分の気質をベースに自分なりのベストを尽くせるかどうかに懸かっている。

自分は内向的だと悩んでいる人へ――。**どうか内向的な性格だからと萎縮したりストレスを感じたりしないでほしい。**自分の居場所で黙々と自分のすべきことに集中していれば、無理に出しゃばったりしなくても、あなたはいつしか重宝される存在になっているのだから。

14／何もしなければ失敗はしないが、当然、成功もしない

　会社員のKさんは今日もオフィスの自席に座り、モニター上のカーソルをただぼんやりと眺めている。新製品のマーケティングプランを提出せよという上司の指示があってからもう4日。いよいよ明日は会議だというのに、いまだにこれといったアイデアが浮かぶ兆しもない。

「どうしよう。何でもいいから手を付けないと……」。マウスを握る手は汗でじっとりしているが、画面上の矢印がクリックしたのはSNSのアイコンだった。

　一方、Kさんと同じ業務を指示されたPさんは、プレゼン資料を懸命に作成している。必死になっているPさんを横目に、Kさんは内心鼻で笑っていた。そそっかしくて大雑把なPさんは、いつも熱心に資料を作成して提出はするものの、「ツメが甘い」と上司に突き返されてばかりだったからだ。「あの程度のものなら

やらないほうがましだ」。Kさんにとって、他人に認められないような報告書など論外だった。

そんなKさんがようやく資料を提出できたのは、会議開始の10分前だった。実は今回の提出資料は、マーケティングプラン作りに必要な一次市場調査の意味合いが大きかった。完璧な資料作りにこだわりすぎたKさんは、市場調査という初歩的なプロセスに時間を割けなかったのだ。

結局、会議の席で「今まで一体何をやってたんだ」とお目玉をくらったのはKさんのほうだった。

完璧主義者には不幸しかない

「**病的な先延ばし**」という精神医学用語がある。あなたにも、試験前日だというのに勉強そっちのけでデスク周りの片付けをしたり、締め切り目前なのにネットサーフィンに興じた経験があるはずだ。

人間には、負担になるものから目をそらし回避しようとする本能がある。つまり、先延ばしの行動は、恐れやプレッシャーを強く感じたときに現れる人間の正常な行動に属すると言える。

しかし中には、その程度がひどく、日常生活に支障を来す人もいる。彼らは単なるものぐさに見られがちだが、本人は必死なのだ。ただ、**頭の中はあらゆる思考でいっぱいでも、いざ行動に移すまでに非常に時間がかかる。**

冒頭のKさんの例のように、これらは「完璧主義者」に見られる傾向である。完璧主義者は完璧を求めるあまり失敗を恐れ、自分の欠点を許さない。完璧というプレッシャーが、与えられた課題を実体より大きく見せ行動を制限する。結果的に「病的な先延ばし」や睡眠に逃げてしまうのだ。

ハーバード大学で心理学を教えるタル・ベン・シャハーは、「完璧主義者は人生という旅路を直線道路だと考えて、結果だけに気を取られている」と語っている。ゆえに完璧主義者は、目標に向かう道のりが楽しめない。そして、何ごとも否定的に受け止め、すべてを「ゼロか100か」で考え、ささいなミスも大失敗だと思い込む。

こうした失敗に対する極度の恐れは、新たな挑戦への足かせともなる。しかし、おかしなことに完璧主義者は挑戦を先延ばしにすることへの言い訳を、「自分が怠け者だから」と言う。つまり、**まだ試してないだけで、その気になれば誰よりもうまくやれるのだと都合よく自分を合理化しているのだ。**

また一方では、完璧な結果を求めて準備だけを徹底的に繰り返し、スタートもしないうちに疲れてしまう。そして、望んでいた目標に到達しても、成功の喜びを心から味わうことができない。

もちろん、うまくやりたいという意欲は悪いものではない。しかし、**完璧主義が過ぎると、絶えず自分を締め付け、人生を苦しいものにしてしまう。**

端的に言って、完璧主義者は不幸なのだ。カナダのある大学が完璧主義者に分類された人たちの死亡リスクを調査したところ、そうでない人に比べて51％も高かったというのも納得だ。

こうした自分の失敗や欠点を受け入れられない人たちには、幼い頃から両親に過度な要求を強いられてきたケースが多い。そのほとんどが、親から褒められたのは何かを完璧にこなしたときだけだったという記憶を持つ。

やがて彼らは、「愛されるためには、完璧でなくてはならない」という無意識下の思い込みが大きくなっていく。

おまけに社会も、常にトップでいるべきだとあおり、ミスをするなと圧迫してくる。結局、完璧主義者は届かない目標に向かって突進するばかりで、いつでも敗北感を味わうばかりになってしまうのだ。

成功を手にするのは数え切れないほど失敗した人だけ

それにしても、この世に失敗のない成功などあり得るだろうか?

赤ちゃんだって、歩けるようになるまで数え切れないほど転び、しゃべれるようになるまでずっとふにゃふにゃ言っているように、この無数の失敗と徒労の積み重ねが、成功の経験をもたらすのだ。

史上最も偉大な野球選手と称されるベーブ・ルースは、30年間にわたる選手生活で714本のホームランを放っているが、実はシーズン最多三振というワースト記録も何度か手にしている。

最高のバスケットボール選手としてその名をとどろかせたマイケル・ジョーダンも、9千回以上シュートを外し、3百近い試合で敗れている。

発明王トーマス・エジソンも成功を収めるまでにたくさんの失敗を重ねている。発明品を世に出すまで1万回失敗したことを指摘されたとき、彼はこう答えたという。

「私は失敗したことなどない。ただ、1万通りのうまくいかない方法を見つけただけだ」

偉業を成し遂げた人を見ると、「あの人は特別に優れているのだろう」とか、「並外れた才能をもって生まれたのだろう」と思いがちだ。

しかし、当人からすると、**成功とは、数多くの経験を経て手に入れた一つの過程にすぎない。**自ら好んで試し、新たな挑戦をやめなかっただけだ。彼らは失敗しても、そこから這い上がる過程で「挫折しても克服できる」という信念と自信を身に付けていく。恐れていた失敗を肌で感じたことで、それほど大したことではないと悟ったのだ。

世界最高峰のエベレストを含むヒマラヤ14座と2峰を制覇した登山家の厳弘吉《オムホンギル》

も、38回に及ぶ命懸けの挑戦のうち登頂に成功したのは20回だ。その過程では、なすすべなく仲間の死を見守り、自身も何度も死線を越えてきた。

それでも彼はまた山へ向かった。それは恐れに打ち勝ったからではなく、恐れを認めたからだ。彼はこう語っている。

「人は私が成功した20回の登頂だけを見ている。しかし、私はそれを成し遂げるために経験してきた数多くの失敗を思う。人は記録を打ち立てた厳弘吉だけを見ているが、私は、一緒に山に登り命を落としていった仲間たちを見ている。人はヒマラヤの高峰と闘う私を見ているが、私は自分自身との闘いを見ている。自分と闘って勝つことこそ、本当の成功だからだ」

ひとまず何でもやってみなさい。うまくいくかいかないかは、二の次だ

失敗なんて、どうってことはない。むしろ、失敗を多く経験した人ほどたくさんのことを得て、大きく成功する確率も高い。

だから私はあなたに、**完璧を追求するよりも、さまざまな経験を積む努力をしてもらいたい**のだ。悩んでばかりいないで、まずはトライしてほしい。うまくいくかどうかは二の次だ。

ある美大の授業では、「試案を百本提出せよ」という課題があるそうだ。そのねらいは、優れた1作品を提出しようと熟考するのではなく、百本の試案を出すために手を動かすうち、その中から思いもよらない秀作が生まれ出る可能性が高いというところにある。

未完成に耐えるのも習慣だ。何より、**ひとまずやってみることが習慣になれば、そこから細かく手を加えていくことは比較的たやすい。**

もちろん、私たちは時に重い課題と向き合い、大きなプレッシャーにけおされそうになる。

しかし、その課題を小さく切り分けて考えてみれば気持ちも軽くなるのでは？ 1枚のピザを8ピース分とは考えず、「こんなに大きくて全部食べきれるかな？」と心配するようなものだ。

同様に、どんなに複雑で難しいことも、自分が対処できる大きさのピースに切り分けて最初の1ピースから手を付けていけばいい。このように小さな目標を達成する経験を重ねていくことで、いつの間にか最終目的地に到達できる。

ある中堅画家は、どんなに疲れた日でもキャンバスに向かい、「点」の一つでも描いてから一日を終えることにしているのだそうだ。「大作も丹念に描き入れた点が集まって誕生するものだ」と、作家は自身が休まず作品を描き続けてこられた秘訣を明かしていた。

私たちの人生も同じだ。**一日一日が積み重なって、人生という絵になる。**その絵には喜び、成功、希望という色だけでなく苦悩、心配、挫折という色も載せられている。しかし遠くから見れば、それはすべての色が調和した一幅の絵だ。

何もしなければ失敗もしないが、当然、成功もしない。

人が死ぬ間際に最も後悔するのは、行動しなかったことだという。だったら、恐れずに何にでも挑んでみなくっちゃ。

悔いのないように、人生という絵をカラフルに彩ってみようじゃないの。

15／本当に賢い人は、ちょっぴり頼りなく見える

時折、ニュースで「女性の活躍が目覚ましい」という話題を耳にする。どれほど実質的な変化なのか定かではないが、とにかく女性がさまざまな分野で頭角を現すようになってきていることだけは確かだ。

データで見ても、20代の労働力人口における女性の割合は男性を上回り、軍隊や警察など「男の領域」と言われていた組織でも女性の割合が増えている。企業の役員や国会議員など社会のリーダーも、牛の歩みではあるものの女性の数が増加中だ。

こうしたさまざまな分野で力を発揮している女性の活躍が聞こえるたびに、スカッとした気持ちにはなるものの、**社会生活は依然として女性にとって生易しいものではない。**

女性たちがぶつかる見えないガラスの天井

私が社会に足を踏み出した80年代は、女性医師はおろか、仕事を持つ女性自体が珍しい時代だった。特に、出産後にも仕事を続ける女性は皆無に近かった。「女性は男性に比べると能力が劣り、社会生活に適応できない」などと公然と言われていた当時、男女差別はあるのが前提で、だから私も、病院という組織に属しながらたくさんの理不尽を経験してきた。

妊娠中は周囲の目が気になってその心労は大変なものだった。出産休暇はひと月しか使わなかったし、育児休暇も当たり前のように辞退した。産後ケアもろくにできない状態で、泣いているあなたを残して出勤するときは本当に身を切られる思いだった。

そうやって歯を食いしばり耐えしのんでいたら、私もいつしか後輩を採用する面接官になっていた。後輩女性たちには自分と同じ思いはさせまい、少しでも多くの機会を与えるんだと鼻息荒くしていたのだが、そんな必要はなかった。いざ面接してみると、どの子もみんな聡明で、しっかりした受け答えを見せてくれたからだ。

それに比べて男性はもどかしいことこの上なかった。一緒に面接官を務めた同僚男性でさえ、男性受験者を採用したくても、みんなどこか女性たちより劣っているように見えると嘆くほどだったのだから。

それなのに、だ。あの時男性を凌駕《りょうが》した有能な若い女性たちは、みんなどこへ行ってしまったのだろう？

何もわが病院に限った話ではない。なぜ企業の女性役員は数えるほどしかいないのか、なぜ成功者の女性リーダーは珍しいのか。

当事者である女性たちは、その原因に、依然として存在する男女差別を挙げる。随分改善されたと言われるものの、一生懸命スペックを積んで大企業に入社しても、出世競争では男性に押されるのだという。

イギリスの週刊新聞『エコノミスト』の発表によると、2019年において、韓国の女性役員比率は2・3％にすぎない。OECD加盟国のうち先進国29カ国の平均値が22・9％なのだから、とんでもなく低い水準だ。女性の社会進出に関してどれだけ平等かを示した「ガラスの天井指数」でも、韓国は29カ国中の29位を7年連続で記録している〔編注　日本は23年度は順位を一つ上げて27位〕。**「頭が切れる」「手際がいい」などと称賛され続けてきた女性たちは、見えないガラスの天井にぶつかる。**そこで自分より出来の悪いはずの同僚男性にガラスの向こう側へと突き進む姿を見せつけられれば、気力を奪われるしかない。

もちろん女性には、家事や育児の問題などワーキングマザーが対峙させられる明らかなハンディキャップがある。これは韓国社会が一丸となって解決しなければならない深刻な課題である。だが、私は女性の出世を阻む理由はこれだけではないようにも思う。

いつだったか、ある大企業の男性役員から、「組織内の女性の割合が3割を超えると、ただのオバサンの寄り合いになってしまう」と言われたことがある。「女性は公私の区別なく感情的に対応し、組織より個人を優先するから」というのがその理由だった。

それを聞いた瞬間カッとなって言い返してやろうかとも思ったが、確かに、彼の指摘にも一理ある。ある意味、そこに女性たちが見失っているものがあるかもしれないという気がして、矛を収めた。

女性と男性の思考の違いを理解する

ルールに対して男女が異なる態度を見せることに関し、以前、勤めていた病院でこんなことがあった。

大規模な精神科病院では男女別病棟になっているのだが、そこでは、それぞれ数十人の患者が集団生活を送っている。患者はリハビリの一環として自治会を作り、自分たちで代表を選出する。

男性病棟の患者たちは無秩序に見えても、ひとたびリーダーが選出されれば代表として認め、その人の言葉に従おうとした。男性たちは「ルールは必ず守るべきもの」と考え、問題が生じるとルールは守りつつ他の方法を探して補完するという手段を取っていた。

一方、女性病棟では、代表が決まっても状況によっては承服しないケースが多かった。**女性たちは「いくらルールでも、もめ事が起きたんだから変更すべきだ」と主張した。**

そもそも、生まれた時から女性と男性は違う。

女性が関係中心で守備的、男性は支配中心で攻撃的な傾向があるのだ。

アメリカの神経精神科医ローアン・ブリゼンディーンによると、受精卵が成長した胚芽は、母親の胎内で8週間育った時点では男女どちらへも分化できる状態にあるという。これが男性ホルモンであるテストステロンの影響を受けると、外性器が男性化していく。このテストステロンは身体的特徴だけでなく脳にも働きかけ、コミュニケーションをつかさどる中枢にある神経細胞を抑制する。これが、攻撃とセックスに関する中枢の神経細胞の成長を促進するのだ。

テストステロンの影響を受けない女児の脳は、コミュニケーションと情緒的な面を担う部分が男児に比べて大きいままだ。よって相対的に、女性のほうが情緒的な反応に敏感で感受性が豊かになるという。

男性と女性は、成長過程でその違いをますます顕著なものにしていく。

男児はビー玉遊び、野球、サッカーなど競争的な遊びを好む。相手と競い合いながら友情をはぐくみ、勝つための組織やヒエラルキー作り、問題解決のためのルール作りを自然と身に付ける。大人になってからの職場でも、男性は幼い頃に競争を楽しんでいた時と同じ感覚で仕事に臨む。彼らは会社という組織での生活にも、スポーツ競技のようにルール、勝敗、競技場があると考えるのだ。

一方、女児は競争的な遊びより、人形遊びやままごとのように互いの関係を中心とする情緒的な遊びを好む。競争のない遊びゆえにお堅いルールも必要なく、争いが起きても指示や強要ではなく仲裁によって解決する。この傾向は社会に出ても変わらない。

このことから見ても、男性は、ゲームに勝者と敗者がいるように、ビジネスにも勝敗があると考えていると見ていい。

そして、敵対的な関係は競技場の中だけだ。試合を終えたサッカー選手が親しげな様子でピッチを後にするように、交渉の場で口角泡を飛ばしても、テーブルを離れると友人に戻る。交渉の過程における相手への敵対的な言動は、あくまでも試合の一部だからだ。

これまで男性中心で動いてきた会社のルールが、こうしたゲームのように展開することを理解すれば、女性にとっては不可解にしか見えなかった職場での男性の動きにも、少しは納得がいくかもしれない。

たとえば、女性は男性に対し、「与えられた責務はなおざりにするくせに、飲み会やおべっかなど余計なことには力を入れる」と不平を言うが、男性の立場からすると、ルールの範囲内で行うなら権謀術数も勝利のための努力であり、組織のネットワークを活用することは効果的な活動の一部なのだ。野球選手がスタメン入りするために監督にアピールするように、自分の成果を際立たせるのも重要な能力の一部というわけだ。

反対に男性は、「女性は自分の仕事の遂行には長けているが、社内政治への理解に欠ける。組織という大所帯を動かすのに自分がいつどこで何をすべきかという感覚に乏しい」と指摘する。仕事ができて弁が立っても、組織のために自らを犠牲にすべき時が来るとすっと身を引く、ということだ。

大まかに言えば、**男性のほうが組織の秩序とヒエラルキーにより敏感であり、女性はコミュニケーションに敏感である**ということ。こうした感覚の違いが組織内で互いの誤解を生み出している。となると、お互いにそれぞれの文化の長所を学ぶ必要がある。

女性の社会参加が当たり前となったこれからの時代は、男性的リーダーシップと女性的リーダーシップの両方を併せ持つ人材に注目が集まるだろう。**「効率と組織を重んじる」男性的な特性と、「コミュニケーションと調整力に長けた」女性的な特性のどちらもが重要であり、二つが調和したときにより大きな力を発揮する**からだ。

自分ひとりの賢さで勝負しようと思わないで

また、結婚してもしなくても、子どもを産んでも産まなくても、とにかくこれからは誰もが生涯仕事を続けていく世の中になるのだろう。だからこそ、会社という組織を理解し、その中にいる人たちと正々堂々と争いながら前に進んでいくことも、仕事の習熟と同じくらいに重要なのだ。

そうしたことを踏まえて、あなたにひとこと言っておくとしたら、「**会社で成功したいなら、自分ひとりの能力だけで勝負しようとするな**」ということに尽きる。

会社が発展するのは賢い一個人のおかげではない。会社という組織が一つにまとまり生産的に働いた結果だ。たとえ自分の能力が抜きんでていたとしても、組織全体で協業してシナジーを発揮できるように貢献すべきだ。

これまでの社会生活で私が感じてきたことだけれど、**本当に賢明な人っていうのは、ちょっぴり頼りなさそうに見えて、実はしっかりしているもの。**つまり、変に相手を緊張させたり防衛機制を刺激したりしない、手練れの人なのだ。彼らはいともたやすく、相手のガードを外させて、たくさんの人を自分の味方にしてしまう。

あなたが真の成功を望むなら、その道を周りの人たちと一緒に歩んで行くよう努力してほしい。

自分の能力を認めさせることに腐心するより、仲間と前進する方法を悩む人になってほしい。

連れ立って歩くのは面倒も多いけれど、仲間がいることで、もっと遠くまで行けるのだから。

16／人生の問題のほとんどは「ひとりだけの時間」が解決してくれる

「昨日電話したのに出なかったわね。忙しかった？」

「ごめん、携帯の電源がオフになってるのに気付かなかったの」

これまでにも度々こんなやりとりをしたことがあったよね。本当に電源がオフになっていたこともあったけど、私には分かっていた。本当は、あなたがひとりでいたくてわざと電話に出なかったことを。そして、私に余計な心配をかけまいと適当にごまかしていたってことも。

だから、あなたがそう言ったときはそれ以上詮索せずにそっとしておいた。そういうことは誰にでもあるものだし、そしてそのうち、あなたのほうから私に連絡をくれるのだ。

「ママ、今夜、時間ある？　おいしい物を食べに行かない？」

ひとりだけの時間は「非生産的な時間」ではない

誰にだって、ひとりでいたいときがある。やれ仕事だ行事だと追われていると、どこからともなく「ひとりになりたい！」という心の声が聞こえてくる。**「外に向かって突っ走ってばかりいないで、もっと内にいる〝私〟を見て！」という声だ。**

イギリスの分析心理学者アンソニー・ストーは、「人生には常に相反する二つの衝動が存在する」と述べている。一つは「**他人と密接な関係を築こうとする衝動**」、もう一つは「**孤独を通じて本来の自分に戻ろうとする衝動**」だ。

確かに、人生ではこの二つの欲望が縦糸と横糸のように絡み合っている。バランスの取れた人生を送るには、二つの衝動のどちらにも耳を傾ける必要があるのだ。

社会生活は、お金を稼ぎ、人と会い、社会的達成を遂げることで潤っていく。

しかし、自分と向き合う時間がないほど忙しくしていたらどうだろう？

アメリカの社会活動家エリザベス・キャディ・スタントンは、心の中にある誰にも触れられない内面世界について、「人間が〝自分自身〟と呼んでいる内なる存在は、いかなる異性や天使のまなざし、差しのべられる手によってさえも見透かされることはない」と言っている。

社会生活を送ることばかりに集中していると、心はすぐに乾いてカサカサになる。だからこそ、**内なる存在は、自分が気を配ってやらなければ、すぐに打ち捨てられた田畑のように荒れ果ててしまうのだ。**

幸い、人間は目が回るほど忙しくしていると、「休みたい」という思いが衝動的に浮かび上がるようにできている。「この忙しさが落ち着いたら、しがらみのない所に旅行したい。見たかったドラマを一気見して、積ん読本も読む。いっそ、何もせずに一日中ゴロゴロするのもいいな」。誰しもがこんなふうに思う。ひとりになることで、慌ただしい生活で疲れた心身を回復させようというわけだ。

ところがどっこい。**思いがけずひとりの時間ができると、喜びもつかの間、おなじみの不安がじわじわと押し寄せてくる。**ずっと先延ばしにしてきた英語の勉強をやらなくちゃとか、ジム通いを始めなきゃとか。そしてスマホを取り出し、スケジュール帳とにらみ合い、時間をやりくりしてみっちりと計画を立て、チェックリストを作る。そのうちニュース記事をサーフィンして、気付いたらショッピングをしている。

私たちはひとりだけの時間を渇望しながらも、ひとりでいる方法をろくに知らない。

いざひとりになってみると、そのひとりだけの時間を「何もしない非生産的な時間」だと受け止めてしまう。だからせっかくの機会にも、自分自身と向き合うことはなく、つい何かをしようとしてしまうのだ。

ひとりだけの時間を邪魔するものはそれだけじゃない。**私たちはひとりだけの時間を、孤独や寂しさと結び付けて否定的に見る傾向がある。**

ところで、英語の「寂しさ」にはロンリネス（loneliness）とソリチュード（solitude）の二種類がある。どちらも「孤独」と翻訳されるが、その意味は完全に異なる。ロンリネスが「ひとりでいることを苦痛に思うネガティブな孤独」であるのに対し、**ソリチュードは「ひとりでいる時間を前向きに楽しむためのポジティブな孤独」という意味である。**

ならば、ひとりの時間の孤独をソリチュードだととらえればいい。この時間は、本来の自分を取り戻すための時間。そう考えてひとりの時間を上手に活用すれば、たくさんのことが得られるはずだ。

ひとりでいられるのは「自我」の力によるものだ。イギリスの精神分析家、D・W・ウィニコットは、「子どもは、自分の情緒的要求に適切な反応を与える母親（養育者）と一緒にいることで、ひとりでいることに耐える能力を少しずつ発展させることができる」と説いている。つまり、ひとりでいられるということは、関係を結ぶ能力と同じくらい成熟度を測定する重要な基準なのだ。

だからひとりを楽しめる人は真の自分自身とつながることができるため、他人とも健康な関係を無理なく結ぶことができる。**「ひとりであることを受け入れる」態度は、他人との関係を切り捨てるのではなく、むしろ関係の親密度を高めるのだ。**

孤独な人をそっとしておきなさい。その人は今、自分に会っている

私は数多くの患者と向き合ってきたが、彼らの悩みの原因は深いところでは皆同じだった。それは、「自分の内面をおろそかにしたこと」に尽きる。底の抜けた甕《かめ》のように、自分の内面も底が抜けていればどんなに頑張っても満たされることはない。そのむなしさは自分だけでなく他の人までをも疲弊させる。

『シンプルな豊かさ』（早川書房）の著者、サラ・バン・ブラナックは、四半世紀にわたってアメリカの大手日刊紙などで精力的に活動してきた記者だった。

記者時代のある日、彼女はにわかに思い立ち、「自分が本当にやりたいことをやろう」とあらゆる社会的成功に背を向けて作家の道を選んだのだ。ブラナックは、**「人生はひとりで発つ旅だ」**といい、自分の内面を顧みることをおろそかにしている人たちに向かってこう言っている。

「あなたは今、誰かの子どもか、誰かの親、そして、誰かの配偶者か、誰かのきょうだいであるだろう。（中略）ほかにも、あなたの人生にかかわる人との関係は

星の数ほどある。そんな数多くの関係の中で生きていながらも、あなたはふとした瞬間に、寂しくてもの悲しい気分になる。なぜだろうか？　自分のためだけに生きたとしても短い人生なのに、あなたは昨日も今日も、あなたの人生に鈴なりにぶら下がっている〝誰か〟のためにと、自分のための人生を後回しにしているからだ。**他の誰かのために生きる人生をやめないかぎり、あなたは今後もひどい孤独に苦しめられるだけ**」

イギリスの作家、ヴァージニア・ウルフは、1929年に発表したエッセイ集『自分ひとりの部屋』(平凡社)で、「女性には〝自分ひとりのもの〟と呼べる時間が日に30分もない」と指摘している。

ウルフが生きていた時代の女性に比べれば、現代の女性たちは積極的で自由な時間を持っているように思えるが、個人の内面をのぞくと今も昔も大差はなさそうだ。

時代は変われど、相変わらず女性たちの心の中にはひとりでいることに対する恐れが巣くっていて、結婚せずひとりで暮らしている女性はどこか欠けた存在だと考える向きがある。そこには、**いまだ女性は男性の目にどう映るか、どうすれ**

ば好まれるのかに敏感に反応するよう育てられていることが影響している。
このことが、女性たちを本来の自分からますます遠ざけているのだ。

1945年に出版された児童文学『長くつ下のピッピ』の主人公ピッピは、ひとり暮らしの女の子。彼女は豊かな想像力に任せて自由に生きている。眠くなったら寝て、後ろ向きに歩きたくなったら後ろ歩きをする。自由奔放なピッピに対し、「言うことを聞かない子だ」と大人たちはあきれるが、ピッピは慣習に縛られたりしない。人に対しても寛容で素直に接し、自分が受け取った分だけ人に与えることができる。

私たちも、時にはピッピのように生きてみるべきだと思う。

ひとりの時間に自分の心の中をのぞき込んで、その心の赴《おもむ》くままに生きてみよう。**人からどう思われようが、自分の望むままに生きてみる時間は、人間にとって大事なものなのだ。**それでこそ後悔も少なく、うまくいかないことを世の中や誰かのせいにもしなくなる。

人生は、思い通りにならないことだらけだ。

だからっていちいち目くじらを立てて、イライラしたって仕方ない。

そんなとき、疲れた心を抱き締めてゆっくり休める空間があったらいいと思わない？　それが自分の心の中にあるとしたらどうだろう？　きっと日常にも余裕が生まれて楽になるはずだ。

どうか、あなたもひとりの時間をできるだけたくさん作って。そしてその時間を活用するすべを身に付けてほしい。

ドイツの詩人リルケが、こんなことを言っている。

「孤独な人をそっとしておきなさい。その人は今、神に会っている」

孤独とは自分と対話する時間であり、自分の意味をしっかりと反芻《はんすう》する時間でもある。

ひとりの時間を持つこと——。これだけで心にゆとりが生まれ、人生で直面するたくさんの問題が解決されるのだ。

3章
どんな人生でも恋は後回しにしないで
——恋愛について

17 どんな人生を生きるにしても恋を後回しにしないで

80年代の流行歌に「恋をするなら命を懸けろ」という歌詞があったけれど、いつだったか、その言葉の意味を噛みしめるどころか、恋を始めることすらできないのだという30代半ばの女性が診療室を訪ねてきた。

女性は席に着くなり、「**一度も恋愛をしたことがないんです**」と切り出した。「私は女として魅力がないみたいです」との語りが続き、ついには「男の人と寝てみたい」という告白をクライマックスに、「**いっそ恋愛なんてしないほうがいいのかも**」と、ひとりで結論まで下してしまった。

この女性、Sさんの悩みは恋愛経験がないことだった。「本来ホットチョコレートのように熱く甘いはずの20代が、浮いた思い出の一つもなく、まるで気の抜けたサイダーみたいに味気なかった」と心残りを吐露した。

「20代初めの頃は、誰かを好きになることで自分が崩れてしまうように思えて何となく怖かったんです。自分を守りたかったんだと思う。20代半ばからは、この先もっといい恋が訪れるからと気持ちを畳んでいました。そうやって次の恋も、また次の恋も遠ざけていたら、いつの間にかそれがクセになっていたんです。いつもひとりぼっちなので、20代後半からは寂しいとも思わなくなりました」

そうした彼女の言動の端々からは、**本当は心から愛を渇望している**という思いが感じられた。

しかし彼女は自分の本心に向き合う勇気を出せなかった。Sさんは、恋愛することを、まるで受かってはいけない大学に合格するみたいにタブー視しているように見えた。

周りには本当にいい相手がいないのか？

人の心がピラミッド型だとしたら、一番下にあるのは二つの異なる記憶だ。一つは**とても大切な記憶**、もう一つは**とてもつらかった記憶**。この二つが、皮肉なことに**同じ層に存在している。**

Sさんは幼少期をうつ症状がある母親に育てられた。病に苦しむ母親は、幼い彼女に愛していると伝えることも、温かくほほ笑んだり優しい言葉をかけてやることもできなかった。Sさんは母親の感情や愛を確信することができずに成長し、その記憶が、彼女を愛を渇望しながらも恐れる女性にしてしまったのである。

Sさんのような人は、**公的な関係だとうまく立ち回れるのに、私的な関係ではまるで未熟な子どものような言動をとる。**誰かにデートを申し込まれても無意識にその人を遠ざけたり、一線を引いたりするのだ。

Sさんが男性とお付き合いができない理由は、ほかにもあった。彼女は博士号を取り外資系コンサルティング企業で働く、いわゆる〝ゴールドミス〟（大卒以上で経済的にも豊かな、自立した30代以上の独身女性を指す韓国語の俗語）だ。

彼女は、「**いい人と出会って家庭を築きたいのに、付き合いたいと思える男性が周りにいない**」とこぼし、「だけど初めての恋愛なのだから、ルックス、学歴、性格など、すべての面で納得できる人とでなければ踏み出す勇気が出ない」とも言った。

ところで、彼女の周りには、本当にいい男性がいないのだろうか？

確かに、病院のスタッフや後輩女性たちからよく聞かされる話がある。「すてきな独身女性は周りにごまんといるのに、それに釣り合う独身男性がいない」という話だ。「特に、バリバリ働く30代半ばのキャリアウーマンに見合う独身男性はまず見当たらない」「すてきな男性は既婚者か恋人持ち、でなければ何らかの問題がある」と皆口々に訴える。

こんな状況を証明するかのように、以前、ネット上で「ABCD理論」という俗説が話題になった。結婚適齢期の男女を社会的地位と条件でA～Dの4ランクに分けたとき、最も結婚できないのはAランクの最高位女性とDランクの最低位男性だというものだ。そのココロは、男性は自分より優れた女性を嫌って1ランク下の相手を選ぶため、Aランクの男性はBランクの女性と、Bランクの男性はCランクの女性と、Cランクの男性はDランクの女性と結婚する。Aランクの女性が残るのはその結果である、という説だ。

この現象について専門家は、「この半世紀で女性の学力や地位が急速に向上したものの、男性の結婚観がそのスピードに追い付いていないことから生じたのだろう」と分析した。

これが事実であれどうであれ、結婚をウィンウィンの取引のように位置づけたり、男女差別的な基準をそのまま適用しているという点で俗説とはいえかなり乱暴な説である。

しかし、人の心を研究する身としてはそこに見過ごせない部分があった。それは相手を単なる〝特定条件の産物〟としか見ていない点だ。まるで「恋愛は自分の基準に見合う対象さえ現れれば成就する」とでも言わんばかりだ。

「割れ鍋に綴《と》じ蓋」ということわざのように、**ぴったりの相手に出会えば自然と恋に落ち成就するという考えは広く浸透している。**幼い頃から接してきた童話でも、王子様とお姫様が出会えば必ず恋に落ちて永遠に幸せに暮らしたし、映画やドラマでもそうだった。

だから自分の「対」に出会いさえすれば、恋をして幸せになれるという考えは常識のように人々の思考を操《あやつ》っている。

たとえば、ちょっと目が合っただけなのにその人のことが頭から離れないとか、どこかで会ったことがあるような懐かしい感じがする、まるで失った自分の片割れを見つけたような気分がするとか。そんなとき、もしやこの人が運命の相手なのかもとの考えがよぎる。

だからこそ、**恋を渇望するすべての人にとって最重要の命題は「対」を見つけることになる。**

その人に出会えない限り、恋愛すること自体が不可能だと考えているのだ。

運命の相手を待ち続けて歳月をいたずらに過ごさないで

本当に運命の相手に出会うだけで、恋はすんなり成就できるだろうか？

その疑問に答える前に、まず恋愛のプロセスを順に見ておこう。

恋愛は、情熱的に「**恋に〝落ちる〟**」段階から始まり、「**恋を〝する〟**」段階を経て「**恋に〝とどまる〟**」段階に到達する。「恋に〝落ちる〟」段階は、いわゆる「あばたもえくぼ」の時期。相手が何をしても愛おしく思える。2人はまるで一体と化したように自我の境界が崩れ、世間と切り離された2人だけの楽園を創り出す。

そして、次の「恋を〝する〟」段階に移ると徐々に相手の欠点が見えてくる。いわゆる愛憎の始まりだが、それでもこの愛を手放したくないと思うカップルは互いに努力する。

そして最後の「恋に〝とどまる〟」段階まで到達すると、互いへの尊重と愛情の中で安らげるようになる。**情熱的な愛は消滅しても、自分を全面的に信頼してくれる関係の中で心地よい状態に到達する**のだ。


後半の二つ、「恋を〝する〟」ことと「恋に〝とどまる〟」ことは、「恋に〝落ちる〟」ことよりもずっと多くの努力を必要とする。

『愛と心理療法』(創元社)の著者、M・スコット・ペックは「恋は、自分と他者の精神的成長を促すため、自らを拡張しようとする意志である」と述べている。

恋に落ちると、人は、相手と出会って経験する恍惚の瞬間を全身で楽しむ。これもエネルギーを要する行為だが、意識的に努力することとは異なる。

こうした、恋に〝落ちる〟段階を経て **「この恋を育てよう」と決心すると、人は、相手に関心を持ってその成長に注目し、相手の言葉に耳を傾けようと心から努力する。** 同時に、自分の先入観を取り払い、能動的に変化しようとする。

社会心理学者のエーリッヒ・フロムも「恋は相手の問題ではない」と断言している。生きていくにも「生き方」というスキルが欠かせないように、**恋もスキルが必要で、そのノウハウを学ぶ必要がある。**

つまり、恋は「特定の対象に出会えば終わり」ではない。「相手を心から愛する人に作り上げるためのスキルを磨き上げる過程」なのだ。

80年代から活動を続けるロックバンド「プファル」のリーダー、キム・テウォンさんが数年前、あるトーク番組に出演した際、**「愛は義理ですよ」**と言っていた。初恋の人だった妻と今日まで一緒に暮らしてきた中で出した結論だという。

共演者たちは彼の言葉に笑ったけれど、私はとても深い言葉だと感心した。彼ら夫婦も、あばたがえくぼに見え、互いのことを自分のためだけに存在する唯一の人だと感じて恋に落ちたことだろう。そして結婚し、子どもを育て、情熱的な愛が冷めていくのも感じたはず。

でも、2人はそこで愛を放棄しなかった。**短所に気付いても温かく受け入れ、互いの成長を応援しようと心に決めた。**これまでの人生、幾度となく浮き沈みを経験してきたキム・テウォンさんがここへ来てなお大衆に愛され続けているのは、

「愛を最後まで守り抜く」夫婦間の義理があったからに違いない。

こうしたことからも、冒頭のSさんのように恋愛に慎重になりすぎてしまった人たちに言いたい。**運命の相手が現れることだけを待ち続け、歳月をいたずらに過ごさないで！**

真実の愛とは、親が慈しみながら子どもを育てるのにも似て、つらく寂しい気持ちを互いに温かく包み込み、相手を成長させるものなのだ。

それがよりどころとなって、厳しい世の中で生きていく強い力になる。

「いい人がいない」といつまでも相手のせいにしていても、恋愛がもたらす成長の喜びをかみしめることもできないのだ。

恋も愛も、努力を怠った瞬間に壊れてしまう

人生の先輩たちが、「若いうちにたくさん恋愛しておきなさいよ」と冗談交じり

に言うのもそれなりの理由があるからだ。

何ごとも経験がモノをいうように、恋愛だって同じ。「エゴマの葉と白菜は葉の表側より裏側をよく洗うべきだ」と知っているのは、その人が料理の経験を積んできたからでしょ？

恋も体当たりしてみて初めて分かることがある。なぜひとりでに涙が出てしまうのか、プライドが地に落ちるみじめさとはどんなものか、胸が痛いのに恋を手放せない愚か者になるのはどういうことか、それでも誰かを愛することがどうして幸せなのか――。これらは恋という意地悪なレッスンを通してのみ学べるものだ。

このレッスンを通して、私たちは自分がどういう人間なのかをさらに深く知ることになる。相手のどこに惹かれたのか、なぜあんなにケンカしたのか、最後まで心が満たされない渇きは何だったのか。

そうして、**今まで知らなかった自分の新たな一面を知ることで、相手のことを、自分と同じ傷を抱えた人間なのだと理解できるようになる。**

心理学者のエリク・H・エリクソンは、友人や恋人など近い関係を支える力を「**親密性**」と呼んだ。

考えてみると、家族のほかにも自分を愛してくれる対象が存在することは実に心強い。そして、自分も誰かにとってそうした親密性の対象になることは、もしかすると私たちが実現すべき課題であり義務なのかもしれない。

私はSさんに、「あまりこだわりすぎずに、家の外に親密性の対象を作ってみなさい」という宿題を出した。

そして、男性を結婚条件だけで測らず、その人の長所を見る目を養い、自分とはどんな点で価値観が一致するのか、価値観が合わないときはどうやって会話を進めるのかといったコミュニケーションの練習をするように言った。

彼女が恋をするまで1年かかるかもしれないし、3年かかるかもしれない。それでも彼女は、自身のつらい自我と向き合おうと勇気を出しているから希望を感じられた。

フランスの文豪、ヴィクトル・ユゴーは「人生における無上の幸福は、自分が愛されているという確信である。もっと正確に言えば、こんな自分でも愛されているという確信だ」という言葉を残している。

愛し愛されることは人間に与えられた無上の喜びである。

だからこそ、**人を愛することにためらいは禁物だ。**

人間は自分ひとりだけで自分を完成させることはできない生き物なのだ。花も生存のために虫や風の助けが必要なように、人間にも自分以外の存在にしか埋められない空白や欠けが確かに存在する。

それらが満たされるのは、自らすすんで人に愛を与えようとしたときであることを忘れないでほしい。

最後にもう一つ。**恋も愛も、努力を怠った瞬間に壊れるもの**だということを忘れないで。

互いの人生を共有し、温かさと穏やかさの中で生きていくこと、互いの存在に心から感謝すること。それは愛を分かち合う者同士が享受できる最高の幸せなのだ。

これは結婚して一緒に暮らせば必ず手に入るというものではなく、**互いに一生努力しなければならないものである。**

さあ、愛しなさい。悔いのないようにね。

18／別れの痛みが癒えないうちに、次の人との恋を始めないで

恋の始まりは胸が高鳴ってやまないものだ。

ところが、そんな胸のときめきもピタリとやむ瞬間が来る。特に、**突然訪れた別れの痛みは耐えがたい。** 何日も泣きはらして信じられないような行動をとる人もいるくらいだ。

仏教では愛する人と別れてひとりになる痛みを「愛別離苦」と呼び、八苦の一つとされている。それほど別れの痛みとはいつまでも尾を引き、簡単に癒えることがない。これまでの代償を払えとでも言わんばかりに、痛みと涙を要求してくるのだ。

かけがえのない相手を失うのは生きながら肉を裂かれるほど苦しい

「あなたにとって私たちの恋は風船ガムだったの？　こんなふうにパチンと割るために10年間ふくらませてきたの？　じゃあ私は一体、何？　あなたが割った風船ガムを、一生消えることのない愛だと信じていた私はどうしたらいいの？」

Hさんが書いた日記の一部だ。彼女はある男性と10年越しの恋愛をしていた。「みずみずしい恋も、狂おしいほどの恋も、心地よい恋も彼としてきました。**私の20代は本当に彼がすべてでした**」。その言葉から彼女の苦しみが余すところなく伝わってきた。

交際期間の長いカップルの多くがそうであるように、彼らもまた、7年が過ぎ、8年が過ぎた頃、会う回数が減り電話で話す時間も短くなった。

それでも彼女は別れを考えたことはなかった。愛憎相なかばする彼のことを、家族以上に近い存在であり、自分の一部のようだとも感じていたのだ。

そのうち30代に突入したHさんは、**結婚の「け」の字も口にしない彼の態度に**

不安を感じるようになった。恐る恐る「私たちもそろそろ結婚を考えないとね」と切り出してみたが、彼は何も答えなかった。その反応に彼女がむくれたことから言い争いになり、ケンカ別れしたのが最後だった。

それから数日間、彼は携帯電話の電源を切ったまま音信不通となっていたが、のちにショートメッセージで別れを伝えてきた。「**結婚する気はないから別れよう**」と。

結局、2人は別れた。そして、信仰心の篤い家に生まれ育った彼女は、自分はもう結婚など考えず、今後は宣教活動をしていくのだと心に決めた。

あれほど愛した男性も去っていったのだ、**怖くてもう誰とも付き合えない。**つまらぬ恋に振り回されるくらいなら、海外宣教に出て子どもたちの世話をしながら暮らすほうがよっぽどましだと考えたのだ。

Hさんの話を聞いていたら、胸に石でも積まれたみたいに重苦しい気持ちになった。**10年越しの恋がメール一通で終わってしまった**のだから、どんなにやるせないだろう。

Hさんが遠くアフリカまで宣教活動に行くと決心した理由は、恋人不在の現実に向き合う勇気がなかったからだ。いっそ自分を必要としてくれる場所に身を投じることで、この痛みを忘れようとしたのだ。

それが燃えるような恋をした対価としての通過儀礼ならばしかたがない。この痛みもまた過ぎゆくのだと信じて耐えるしかないのだ。

ごくまれに、**自分の体の一部とも思えるほどのかけがえのない対象に出会うことがある。**Hさんにとってはそれが恋愛相手だったが、その対象は、自分の子どもや親、恋人、友人のほか、いつか必ず叶えるのだと胸に秘めてきた夢や長年準備してきた試験、失いたくない若さや美貌など、強い思いを注ぎたくさんのエネルギーを投入したものならなんでも含まれる。

ところが、**その大切な対象を突然失うと、まるで生きながらにして肉を裂かれるかのような苦痛と悲しみを味わう。**

こうした感情が心や体の反応として表れていく過程が、心理学でいう「**悲嘆**」(グリーフ)だ。Hさんは今、その「悲嘆」の真っただ中にいる。

壊れた蛇口のように涙を流し新たな世界で生きるすべを学ぶ

「悲嘆」の過程にいる人たちは、散らかった感情を一手に抱え込んでいる。まるで、あらゆる悲しみの感情を押し込んだ箱の中にいるような状態だ。その感情は一度に押し寄せることもあれば、順を追って生じることもある。一度は乗り越えたと思ったものが再びぶり返すこともある。

ある女性は、成人したばかりの娘を失って以来、「悲嘆」の過程が数年間続いた。そしてようやく日常生活を取り戻した頃、再び激しい憤りがどっと込み上げてきて驚いたと言っていた。

このように、「悲嘆」は順を追って少しずつ進むものでもない。その一方で、ある瞬間、ふいに出口が見つかるものでもある。

失恋における「悲嘆」の過程で経験する代表的な感情を見ていこう。

まずは「**否認**」だ。大切な対象を失くした人はその事実を否定する。愛する人から別れを告げられたときに「何を言ってるの？　ふざけないで」と反論するのがこれだ。

だからといって完全に認められないわけではない。自分でもおかしいと分かっていながら、とりあえず否定しようとしているのだ。これは**無意識にショックを緩和しようとする心の戦略**で、別れを事実として受け入れられる時が来るまで時間を稼ごうとしているのである。

次の過程は「**怒り**」だ。ドラマで見るような、フラれた女性が憤って「こんなことして許されるとでも思ってるの⁉」と青筋を立てる場面が、喪失に対する怒りの反応だ。

実は、この怒りは、「悲嘆」の過程にいる人を現実に引き戻す役割を担いもする。**深い悲しみの渦中に閉じこもったまま世間と何の結び付きもなければ、危険なことになりかねない。**だから怒りを表現することは、しないよりずっといいことだ。

怒りの次は、「**相手の理想化**」と「**自己嫌悪**」の段階だ。「あの人ほどすてきな相手にまた出会えるだろうか」と相手を理想化したり、「私がダメだから去っていったのだ」と自己嫌悪に陥ったりする。

そしてそのうち悲しみが訪れる。**壊れた蛇口のように涙を流し、声を上げて泣**

いて心の痛みを全身で表現する。悲しみは「悲嘆」の中核を成すものであり、これができないと、抑圧された感情がうつ病のようにさらにつらい形で現れることもある。

悲しみを流し切ったら、ようやく大切な対象を見送ることができる「**受容**」の段階になる。その対象を心から愛したけれど、もうここにはいないのだという事実を認め、自分の中に受け入れる。

愛した分だけ憎みもし、感謝していたから寂しかったのだという感情をすべて認め、**相手が自分にとってどんな存在だったのか、そして自分も知らなかった自分の内面に何があったのかを、探り、理解する**過程だ。

相手との恋はすでに過去の出来事になったけれど、その過程でまた少し成長できたことを感じながら、新たな世界で生きるすべを学ぶのだ。

別れの痛みが癒えないうちに、軽々しく次の恋を始めてはいけない

Hさんが完全に吹っ切れるまでには、どれだけの時間を要するだろう。

私は彼女に対し、「**思う存分悲しみなさい、どんな感情が湧き上がっても抑え込んじゃダメ**」とアドバイスした。海外宣教に行きたければ行くもよし、それで気持ちが落ち着くのならやってみるといいとも伝えた。

「悲嘆」はその人の人生に多大なる苦痛を抱かせるが、それはごく正常な反応であって、一定の時間が過ぎれば薄れていくものである。

人間にはレジリエンスがあり、その苦痛が人を強くするからだ。

Hさんへのいくつかのアドバイスに加え、「**別れの痛みが癒えないうちに、次の人との恋を始めるのだけはやめなさい**」とも伝えた。

ケジメのつかないままの過去の恋は、新たな恋に悪影響を及ぼすからだ。古傷が痛んだまま新たな恋を始めるのだから、どんなにいい相手との恋も立ち行かなくなる。

まれに、進行中の恋にピリオドを打つ前に次の交際を始める人もいるが、もってのほかである。

別れがもたらすひとりの時間は、新しい恋を受け入れるための準備期間としてとらえよう。

映画館では次の上映が始まるまでの間にインターバルがあり、コース料理にも前菜とメインディッシュの間にほどよい空き時間がある。映画にも料理にも、「新たな主」を迎えるための時間が設けられているように、恋にも「悲嘆」というインターバルを与えるべきなのだ。それでこそ、心の傷を拗《こじ》らせることなく、新しい恋を大事に育てられる。

ところで、Hさんの立場とは逆に、**自分が別れを告げる側の場合は、卑怯者にならないように気を付けたい。**

別れの痛みのつらさを知ってか知らずか、人は別れを告げる立場になると、自分が悪者になりたくなくて、連絡が来ても曖昧にしたり、相手から別れを切り出すように仕向けたりする。

これはずるい態度だ。相手に判断させたようでいて、相手が傷つくのは結局同じことだ。

もう愛せないことは罪ではない。どうしようもないことだ。「別れよう」という言葉を口にすることに抵抗を感じるかもしれないが、別れるときは理由も添えてちゃんとケジメをつけるべき。なぜなのかも分からないまま別れる羽目になった相手は、「悲嘆」の過程も苦しく、長期に及ぶことになる。

私が診た患者には、十数年経っても次の恋に踏み出せないままという最悪のケースもあった。だから、**別れたいときは勇気を出してきちんと意思を告げなさい。**

別れを「Goodbye」という。グッバイ――簡単な言葉だけれど、恋愛においてこれほど口にするのが難しい言葉がほかにあるだろうか。

しかし、つらい恋ほど、丁寧に見送る必要がある。見送るとは、喪失と怒りの感情を細かく砕いて流してしまうことを意味する。

幸せがあれば不幸せもあり、痛みがあれば成長もあるという、世の道理を知ること。**恋愛に別れは付き物であると認めて、恋を軽んじたりわざと避けたりはせず、ゆったり抱き留められる人になろう。**

そして、今、失恋の悲しみの真っただ中にいる人たちも、泣いている自分を恥じることはない。

その悲しみは、自分以上に誰かを愛したことのある人だけが知りうる特別なものだ。

だから、よく眠れず食欲もなく、涙が止まらなくても、**この先も恋をすることを放棄しないで。**

新しい恋に向かい合える日が、いつかまた訪れるのだから。

19／男性と付き合う前に自問すべき、ニーチェの質問

「ママ、私、本当にこの結婚で大丈夫だと思う？　後悔しないかな？」

「じゃあやめれば」

「ちょっと、それが娘に向かって言う言葉？　聞いた私がバカだったわ」

あなたはそう言って恨めしそうな視線を送ってきたけど、私はあなたが本当に結婚を取りやめるわけなどないと知ってて言ったのだ。心配もしていなかった。ただ、うれしかっただけ。


私の若い頃は、女性は20代半ばには結婚して子どもを産んで、家事を一手に引き受けるのが当たり前だった。「良妻賢母が夢」だなんて言っても誰も驚かなかったし、結婚は誰もがする時代だったから、皆深く考えずに結婚したものだ。

そんな結婚が、今や人生の選択肢の一つに過ぎなくなった。だから、**結婚をする・しないの理由も、どんな結婚生活を送りたいのかという理想も多様化した。**それだけ結婚というものに対して、一人ひとりが具体的なイメージを描いているということの表れだろう。

そんな世の中で結婚についてあれこれ語るのもどうかと思うが、おかしなことに夫婦間の悩みごとで診療室を訪れる人は年々増加傾向にある。それも若い夫婦たちだ。

一体、彼らは結婚に何を望み、何に失望して私を訪ねて来るのだろうか。

これまで大勢の夫婦の相談に乗り、気の毒に思えるケースもたくさん見てきた精神科医として、結婚を決めた人たちが心に留めておくべきことを記しておこうと思う。

幸せを保証してくれる結婚なんて、どこにもない

29歳で結婚したCさんは、35歳になった今、離婚を考えている。

「夫が浮気をしたわけでも何でもありません。一緒に住んでいるのは、申し分ない額の給料を毎月稼いできてくれるから。ただそれだけ」と言う彼女は、カラカラに乾いた木のようだった。**遠目には立派な木のようでありながら、よく見ると乾燥しすぎて今にも折れそうな木だ。**

「小さい頃から、威圧的で傲慢な父親から逃れたかったんです。だから夫と出会ってすぐに結婚を決めました。でも今は夫から逃れたい。夫のことも彼の両親も大嫌いなんです」

Cさんにとって結婚は、**嫌いな父親から逃れられる唯一の手段であり、我慢だらけの人生を一変させる唯一の切り札だった。**しかし、結婚後に直面した現実は違った。夫は堅物で事務的、家にいるときもまるで会社で働いている人のようだった。そんな四角四面の夫に対し、彼女はとても本音を打ち明けることができな

かった。

Cさんが思い描いていた幸せな結婚生活とは、時々は夫とおしゃべりしながら散歩をしたり、月に一度くらいは仲良く外食をするといった他愛のないもので、こんな素朴な願いぐらい当然叶うものだと思っていた。

ところが実際は、夫と食事をしていてもまるで上司と一緒にいるような気分で緊張するばかり。敷地内に遊歩道のあるマンションに住んでいても夫婦で散歩に出ることはなかった。**経済的には何不自由ない結婚だったけれど、彼女が望む幸せを満たしてくれる要素がどこにもなかったのだ。**

実のところCさんは、夫という屋根の下で雨を除けたかっただけなのだ。しかし屋根というものは少なからず雨漏りをするもの。Cさんのように、**屋根の下で安らかに過ごすことだけを期待して結婚するのは、この世に存在しない宝石を探すようなものだ。**

Cさんの例のように、結婚相手を見極める際に、経済面ではこだわるのに情緒的な面を甘く考えている人は思いのほか多い。

「一緒になれば幸せになれるだろう」「私を愛してくれる人なら当然優しくしてく

れるだろう」と、のんきに構えている。
それならそれで相手に求める要求を引き下げられればよいが、そうしないまま経済面のほうを優先させるから、結婚後に温かくも優しくもない相手に腹が立つのだ。

恋愛中に言ってくれていた「一生大事にするよ」という言葉をうのみにしたわけではないが、すっかり変わり果てた夫には失望するばかり。こうした期待外れの相手に対するマイナスの感情が積み重なって、気付いたときには取り返しのつかない状態にまで陥っている――。

夫婦間の情緒的な問題は、経済的な問題と同じくらい時間と努力が必要だ。恋愛初期に燃え上がっていた愛が冷めた空白を、夫婦2人だけの楽しみと意義で埋めていかなければならないのだから。

問題は、「何をもってその楽しみと意義とすればいいのか」を誰も教えてくれないことだ。お金の問題なら計算が可能だが、夫婦間の空白を埋めるものは、時にケンカもしながら暮らしていく中で2人で見つけていくしかない。

実のところ、いくら口では「結婚生活で一番大事なのはお金だ」なんて言っていたって、**心の中では誰もが固い愛で結ばれた関係を望んでいることを、私は知っている。**

今の人たちは家庭を単なる「経済共同体」ではなく、愛情と友愛で結ばれた「幸せの共同体」だと考えている。

ならば、こうした考え方の変化に合わせて、私たちはもっと努力しなければいけない。経済問題に頭を使うのと同じ分だけ、愛も、育てて手入れをする必要があるというわけだ。

スマホを手放してケンカする人と結婚せよ

何十年も別々の人生を生きてきた男女が一緒に暮らすのは容易なことではない。ささいな習慣から心の傷、コンプレックスまで、向き合わなければならないことが山ほどある。

つらく苦しいときもあるけれど、2人の間に生じる問題から目をそらすことなく解決しようという努力の積み重ねが、かけがえのない共通の財産になっていく。

だから私は、結婚を迷っている人たちには、次のように、**3日間だけ自分に問いかけてみる**ように言っている。

1日目「相手はきちんと会話ができる人か?」
2日目「相手はきちんと会話ができる人か?」
3日目「相手はきちんと会話ができる人か?」

これは、哲学者のニーチェが言っていることなのだ。

「**結婚するときは自問せよ。〝歳を取ってもこの人と会話ができるだろうか?〟と。**

結婚において、それ以外のことは年月が経てば変化することだ」

結婚生活は恋愛とは違う。どんな無理も叶えてあげたいほどの甘い関係が恋愛なら、解決すべき問題が毎日のように山積みになるパートナー関係が結婚だ。

結婚した瞬間から、双方の実家の問題から家族計画、家事の分担、教育問題、資産管理……に始まって、飲酒の習慣やトイレの使い方、脱ぎっぱなしの靴下の問題まで、恋人時代には考えも及ばなかった日常の中のたくさんの問題に直面するからだ。

そのため、新婚であるほど夫婦げんかの回数も多い。

私もそうだった。20代後半で同じ大学の同期だった夫（あなたのパパだよ）と出会ってすぐに結婚してしまったものだから、それはそれはケンカしたものだ。

でも本当に幸いなことに、パパも私も、ケンカを避けなかった。**ケンカをしないように努力したんじゃなく、しっかりケンカしてぶつかろうと意識していた。**

そしてあるとき、ふとこんな思いがよぎったのだ。「私って、なんていい男と暮らしているんだろう」って。なぜかというと、**妻の言葉に無言のまま従ったり、ケンカそのものを避けたりする夫は、結果的に妻に重荷を背負わせるだけだからだ。**

また、事の大小にかかわらず無条件にキレる夫は妻を傷つけるだけだ。

コミュニケーション専門家のダグラス・ストーンは、『ハーバード あなたを成長させるフィードバックの授業』（東洋経済新報社）という著書の中で、「感情的になることと、感情をはっきり表現することを混同しがちだが、両者は似て非なるものだ。感情的にならずとも感情を適切に表現することは可能であり、何の意味もなく極度に感情的になることもまた可能だ」と述べている。

つまり、ニーチェも言っていた**「会話のできる」配偶者とは、自分の感情をうまく表現しつつ、相手の感情を理解しようと努力できる人のことだ。**

これを踏まえて、思い切ってマインドを変えてみるのはどうだろう。

「なるほど、**なりふりかまわずケンカするしかないのが結婚なら、私としっかりケンカができる男を選ぼう**」というふうにね。


健康にケンカできるのも能力のうちだ。アメリカの作家、ヘレン・ローランドの残した名言に、「結婚前、男はあなたのためなら命もなげうつと宣言する。しかし結婚後は、あなたと会話するのに新聞を見たまま顔も上げようとしない」というものがある。

だから私は、あなたにも、**あなたとケンカをするために新聞もスマホも手放すことのできる相手と結婚してほしい**と思っていた。激しいケンカこそ、夫婦が同じ方向を見て前に進んで行くために必要なものだから。幸い、あなたはそういう男性を選んだようで、ほっとしている。


まあそれでも、大きな夫婦げんかをした日には、ひどく寂しさを感じるかもしれない。

だけど、愛し合う2人が一つ屋根の下で一緒に暮らすことほど、天国と地獄、喜劇と悲劇を行き来するドラマがどこにある？

人は道を極めるために試行錯誤するけれど、**結婚ほど心を広く深くしてくれる修練の場もないだろう。**

だから夫婦げんかをして寂しくなった日は、勇気を持って修練の場に立ったのだと考えてごらん。

そして、もっと努力しなさい。あなたの夫としっかりケンカをするために。

20／あなたが望まないなら、セックスをする必要はない

娘とセックスについて語り合う──。かなり自由でオープンな世の中になったと言えど、性について明け透けに話せる母娘はいまだ多くはないだろう。
それでも、セックスに悩む女性たちと診療室で向き合ってきた経験から、**セックスは誰もが考えるべき問題だ**ということに改めて気付かされた。というわけで、今日はあなたにこの話をしてみようと思う。

最近の20代女性は、セックスに関する悩みをちゅうちょなく打ち明けてくれ、必ずこんなことを聞いてくる。「今、付き合っている彼氏がいるんですけど、関係を持つのはいつ頃がいいですか？」。私の答えは一つだ。「**心と体の準備ができたときよ**」。同時に「**セックスについて自分なりの定義を持ちなさい**」と付け加える。

一世を風靡したアメリカのドラマ「セックス・アンド・ザ・シティ」を見ても、4人の主人公はセックスについてそれぞれ異なる定義を持っていた。

週2日は夫と別々に暮らすつもりだと言うキャリーに対し、古風でロマンティックな思考のシャーロットは、「ありえない。結婚って、夫婦が毎晩一緒に寝るものでしょう?」と反論する。シャーロットにとってセックスは、夫婦関係を維持してくれる大切な行為だ。また、性に開放的なサマンサは「女が男をコントロールできる最高の空間がベッド」だと言う。サマンサにとってセックスは、自分の独立性を確固たるものにしてくれる活動というわけだ。

シャーロットの愛し方があり、サマンサの愛し方があるように、**私たちも自分なりの愛とセックスについての定義を確立しておく必要がある。**

セックスについて自分なりの定義を持つ

親密さとセックスの関係は、数学で言うところの「必要十分条件」だろうか?

それとも切り離して考えるべきだろうか?

「セックスは愛する人とだけ」と言い切る人たちがいる。愛が先でセックスはその後であるべきだという考え方だ。一方、「愛とセックスは別だ」と言う人たちもいる。愛していなくてもセックスは十分可能だという考え方だ。

ところで、**一般的に性的関係をリードするのは男性側であることが多い。**この過程で、男性は性について自然と主導権を握り、女性は男性から提案を受けて決定する受け身の立場となるため、女性が主体性を持つまでに時間がかかる。女性たちにセックスについて一考する時間を持ってほしいのは、こうした理由もあるからだ。

ある価値や行為に定義を定めるということは、「主体性を持つ」ということである。特に、性について自分なりの定義を持っていれば、いざというときにとても役に立つ。たとえるなら、「愛を守る信号機」みたいなものだろう。赤信号のときは相手が望んでも停止。青なら愛を交わし、黄色のときは信号が変わるまで待つ。こんな基準を設けていれば、後々セックスに関する余計な罪悪感や不安に苦しめられずに済む。

Yさんもセックスについての定義が必要な女性だ。26歳の彼女は、研究員として働く彼氏との間で悩みを抱えている。親戚の紹介で交際することになったその男性は、性格がきつそうな印象はあったものの、男らしく見えたし、すらっとした高身長が気に入った。まだ付き合って2カ月ほどだと言うが、彼女は今、苦悩の時間を過ごしている。

Yさんの気持ちが固まらないのに、彼が積極的にセックスを求めてくるのだそうだ。彼女はまだ性体験がなく、関係は結婚する相手とだけという信念があった。ところが彼はYさんを「まるで学生みたいなことを言う」「僕をプレイボーイ扱いするのか?」と責め、「君は僕を愛してないんだな」とまで言って追い詰めるのだという。

彼とのセックスを拒むのは彼を愛していないからではないのに、彼は自分の主張を譲らなかった。かといって、Yさんは関係を持つつもりもなかった。彼を愛していないからではなく、きちんと愛するためだ。Yさんはこの問題にどう対処すべきなのだろうか?

Yさんと同じように、多くの女性たちが「男性からの早すぎるアプローチにどう対応すべきか?」という悩みを抱えている。これについての答えを出す前に、**生物学的にまったく異なる男女の性的な知覚について、まず知っておく必要がある。**

「愛してるならセックスしてよ」なんて主張は無視していい

アメリカの神経精神科医、ローアン・ブリゼンディーンの著書『女性脳の特性と行動――深層心理のメカニズム』(パンローリング)によると、性衝動にかかわる脳の領域を男女で比較すると、男性は女性の2・5倍も大きいのだそうだ。

会話中の男女の脳をスキャンした結果も興味深い。男性の脳では快感と報酬をつかさどる側坐核が刺激されていたが、女性の脳では微動すら検知されなかった。

このことは、**女性は男性との会話を単なる会話としか認識していないのに対し、男性は会話すら潜在的な性的接触として認識している**ということを意味する。ましてや愛する女性が目の前にいれば、男性の側坐核はより強く活動するに違いない。

だからといって男性の無分別な性衝動すべてに、「生物学」の名で免罪符を与えてはならない。Yさんの恋人の問題は、**一方的にセックスをしようと主張するだけで女性の考えをまるで尊重できていない**点にある。

女性は恋に落ちたことを言葉にするまでに、男性より長い時間を要する。ましてやセックスとあればなおさら慎重にならざるを得ない。なぜなら、太古の昔から女性にとってセックスとは、出産・育児につながる家庭という安らぎの場を作り、守ることと直結してきたからだ。

だから女性は、相手が変わることなく一緒に家庭を築いてくれそうな人かどうかに、セックスと同じくらい深い関心を持つのだ。

さらに、Yさんは結婚相手以外とは性的関係を結びたくないという個人的な信念も持っている。もしもこれが破られたなら、彼女は罪悪感に苦しむことになるだろう。

結論としては、**「セックスを受け入れないのは自分を愛していないからだ」という恋人の主張など無視していい。**セックスに対する自分の哲学を守るほうがずっと大事なことだ。

体は大人になっても心の中の子どもは震えている

Yさんが婚前交渉をしたくないと悩んでいるのに対し、Mさんは逆のケースで、簡単にセックスに応じてしまう自分のことを恥じていた。

彼女は**裸を見せることより、心理的に裸になることのほうが恥ずかしい**と言う。相手との距離が縮まって自分の内面を正直にさらけ出せば、相手は幻滅して離れていくのではないかと不安なのだ。Mさんはその不安を払拭する方法として、早々にセックスをするのだという。

「素の自分をさらけ出すのが怖いんです。誰かに深く知られたら自分が壊れてしまいそうで」

セックスは単なる性行為ではない。コミュニケーションの手段であり、関係を築く方法でもある。ただ、保護と愛情を欲する乳幼児期的な欲望を、性的な欲望と同一視する人たちがいる。Mさんのように、**相手をつなぎ止めておく手段として性行為に及んだり、情緒的な飢えと依存欲求を満たすために性に屈服する**のだ。

このタイプの人たちはセックスに溺れているように見えて、実は愛する人との親密な関係に執着している。そして毎回失敗してしまうために悩んでもいる。

ところで、診療室で出会ってきた愛に胸を痛める女性たちには、一つの共通点があった。心の傷の原因をたどっていくと、ほとんどがその母親にたどり着くことだ。

セックスに関しても同じことが言える。セックスを嫌悪するかその逆である場合、母親との関係から生じた心の傷が原因になっているケースが多く、Mさんもそうだった。彼女は幼い頃、感情の起伏が激しい母親に日常的に罵倒されたり体罰を受けたりしながら、顔色をうかがう生活を強いられてきた。そのため彼女の心には、他人との距離が縮まることに対する内在的な恐怖が生まれていた。

このように、セックスをすることには何のためらいもないのに、恋をまともに始めることもできない心理的な障壁は、家族機能の不全の問題から始まっている。子どもは自分を保護してくれる対象（多くは母親）との情緒的なやりとりを基盤として、愛のパターンを作り、大人になってからはそのパターンにしたがって人間関係を構築する。

母親からの信頼できる反応を経験した子どもは、安定した愛着のパターンを形成できる。一方、そうでなかった子どもは不安定だったり、Mさんのような回避型の愛着障害を見せたりするようになる。

Mさんの心の奥には、母親の顔色をうかがってばかりいる不安におびえる子どもがいた。**体は母親と並ぶくらいに成長しても、心の中にいる子どもは変わらず震えていたのだ。**Mさんに会うたびに、心から気の毒に思った。

誰かの欲望のために自分を差し出してはいけない

フランスの小説家、パスカル・レネがフェルメールの絵からタイトルを付けた小説『レースを編む女』を読んだことがあるだろうか？

主人公のポンムは、エムリーという男と恋に落ち同棲までするが、2人は身分差と心のすれ違いから破局する。小説には2人が愛を交わすシーンが登場するのだが、「彼女は普段と変わりない落ち着いた態度で、着ていたものを脱ぎだした」と書かれている。

ベッドの上で自ら服を脱ぐポンム。彼女のことを大胆だと言う人もいるだろうけれど、私はポンムの中に、Mさんの心に住む子どもと同じ姿を見た。

恋人の前で、それも初めての夜に自ら服を脱ぐ女性の心理とは？　それは大人のポンムではなく、**内面にいる不安な子どもが取らせた行動なのではないだろうか。**

小説に描かれるポンムの母親もまた、男の思い通りに体を差し出す女性だ。ポンムはそんな母親にまったく反抗できない。生まれてから一度も「私は他人から無償の愛をもらえる人間だ」という実感を得たことのないポンム。だから彼女は、**愛される機会が訪れても、自らを他人の欲望の対象とすることしかできなかった**のだろう。

ポンムのようなタイプは、私たちの周りにも多い。Mさんにも、彼女を温かく包んでくれる人がいたならば、セックスより先に会話をしたのではないだろうか。

男性は彼女の体だけでなく、趣味や友人、学生時代、古い思い出にも関心を持っているとしていたら、果たしてどうなっていただろう。

私はMさんに、**毎日、自分を褒める日記を書く**よう勧めた。

たとえば、「朝5分早く起きた」とか「いい物を格安で買った」といったことで自分を褒めてもいいし、恋人から送られてきたメッセージに幸せを感じたなら、「そう思えた自分はえらい」というように、何でも十分に日記のテーマとなりうる。

そうやって、**他人ではなく自分をまず思いやり、そのままの自分を見て・聞いて・触れる習慣を身に付けていけば、自尊感情も少しずつ高まっていく**はずだ。

自分に対して、肯定的に見つめ、尊重することのできる人間ほど、他人との関係を結ぶ能力も安定している。訪れた愛が不安定なものであっても、その愛が訪れたこと自体を喜び歓迎することもできる。自分のことを信じるのと同じくらい愛を信じているからだ。

セックスをするかしないかより重要なのは、自分を大切にし、愛することができるかどうかだ。その次に、セックスに対する自分の哲学をしっかり掲げること。

そうすれば、愛する人ときちんとセックスを交わすことができるし、愛を育むことにも能動的になれる。

義務感からするセックス、男性が求めてくるからしかたなくするセックスなら、いっそしないほうがいい。

自分を誰かの欲望のための対象として差し出してはいけない。

いかなる場合でも、自ら望み、喜んでするセックスでなければダメ。

それがセックスに悩むすべての娘たちに伝えたい言葉だ。

21／時が流れて変わっていく相手と自分を、ありのまま受け入れる

若い頃、私にはこれといった結婚観がなかったように思う。相手への細かな条件もなく、結婚後に女性にのしかかってくる重圧についてもまるで無関心だった。結婚は、愛する人と出会えば自然にたどり着くものだという、極めて純真でロマンチックな考えでいたみたい。

それに比べて今の若い女性たちは本当に現実的だ。先日やって来たある独身の相談者がズバリ言った。

「女は結婚したらおしまいじゃないですか⁉　夫に義理の両親に子どもまで。**私は犠牲者にはなりたくないんです**」

まるで何十年も結婚生活を送ってきたかのような口ぶりの彼女を見て、ふと考えた。彼女はなぜ、結婚という分厚い百科事典の数項目を読んだだけで、それが

すべてだと思ってしまったのだろう？　結婚して30年以上になる私だって、60代の結婚、70代の結婚についてのページはまだ読み終えていないというのに。

結婚は人生の授業だが誰にでも勧めるわけではない

私が今あなたに言えるのは、季節に春夏秋冬があるように、**結婚にも四季のような移ろいがある**ということだ。

20代にとって結婚とは、「一緒にいたい」ということだし、30代40代にとっての結婚は、子どもを産み、家を構え、財産を築いていく「生産」の時期だ。

50代60代にとっての結婚は、「一つ屋根の下の二つの所帯」。ここまで2人一丸となって生きてきたから、そろそろひとりずつに戻りたくなる。互いの領域を尊重しつつ、心理的な距離を維持したくなる時だ。

70代80代にとっての結婚生活は、「死について考え、備える道のり」。「私が先に逝って、この人は大丈夫かしら」と考えるようになる。配偶者は誰にも代わることのできない「幸せな終活」のパートナーなのだ。

こうして移ろうさまを見てみると、**結婚は、ひとりの人間が生まれてから一生のうちに履修すべき科目が学べる「人生授業」のようでもある。**

結婚はひとりの男とひとりの女を法的、慣習的に結び付ける。2人は結婚することで、この危険な世の中に漕ぎ出していく盤石なチーム、社会の基本単位に生まれ変わるのだ。

互いの肉親がこの世を去っても家族として配偶者や子どもが残っているという事実は心強い支えだ。私も母を見送った時、あなたという娘や夫がいてくれて、どんなに頼もしかったか分からない。

とはいえ最近は、**結婚しなくてもいいと考える人たちが増えている。**特に女性は、結婚によって手放すことになるものがあまりにも多すぎるからだ。

『ジキルとハイド』で知られる作家のR・L・スティーヴンソンが、「結婚に尻込みする人間は、戦場から逃げ出す兵士と同じだ」と言っている。この言葉は逆説的に、結婚とは戦場と同じくらい大変なものだと示唆している。

結婚するとたくさんの関係が派生する。特に、核家族育ちで狭い人間関係に慣れた若い女性たちが、これに適応するのは容易なことではない。

独身時代に自分のことだけでも手一杯だったのに、結婚と同時に、婚家はもちろん夫側の親戚のことまでフォローしなければならないのだから、当然ストレスもたまる。

ある中年俳優がトーク番組で、「結婚は相手ひとりとだけじゃなく、30人と同時にするようなものです」と語っていたのも納得だ。新郎だけでなくその親、親戚、友人、同僚も一緒に結婚式場に入ること、それが結婚なのだ。

だから私は、そういうものを望まず、**精神的にも、経済的、社会的にも自立している女性たちには、あえて結婚を勧めない。**

もちろん、「結婚がいくつもの負担をもたらそうとも、この人と家族を築きたい」と決心している人には、止めるつもりはない。

後悔することになったとしても、何だってやってみたほうがいいに決まっているから。

最初から完璧な相手はいないから「配偶者の原石」を選んで磨き上げる

どんな人に出会うかで自分の人生が大きく左右される人のうち、最も影響力が大きいのは自分の両親、次が配偶者だ。

両親は本人の意思で選べないが、配偶者は選ぶことができる。**ただ、最初から完璧な妻などいないように、最初から完璧な夫もいない。**だから原石を選んで宝石に磨き上げていく工程が必要なのだが、この「いい原石を見つける」ことが至難の業なのだ。

一般的に、経済的に好条件の人との結婚に対して、「いい相手を見つけたね」と言ったりする。

しかし、人生においてお金で解決できる問題ってすごく単純なもの。**お金で解決できる苦痛は苦痛と呼べないくらいだ。**貧しくても夫婦仲が良好なら乗り越えていけるけれど、大金だけでは満たされないのが夫婦の間柄だ。

離婚して独身に戻った男女を対象に行ったあるアンケート調査で、「前配偶者に最も失望したことは？」との設問に一番多かった答えは、「努力するそぶりも見せなかったこと」だった。

結婚とは、一緒に過ごす時間の中で互いにとってすばらしい宝石になるよう努力していく過程だ。

そう考えると、お金やステータス、健康面での問題はさておいても、**永く一緒に寄り添える信頼感のある人こそが配偶者の原石だ。**

若いうちはその判断を見誤りがちなので気を付けて。

特に、女性にモテてそれを楽しんでいる男性は魅力的に映るかもしれないけれど、夫にするには最悪だ。「自分は既婚者だけど独身時代と変わらずモテる」と本能的に分かっている男性も危険だ。そういう男は、自分の妻をたちまち枯れ草にしてしまう。

結婚してもしなくても寂しいのは生涯変わらない

長く生きていて興味深いと感じるのは、同じ人でも歳を重ねると違って見えてくるということだ。

20代の時に好きだった夫の姿が40代になるとむしろ幼稚に見えたり、20代の時は気にも留めなかった素朴なところが、40代になるとむしろチャーミングに思えたりすることもあるのだ。

こんな話がある。「昔は夫の子どもっぽい振る舞いがつらかった」と告白した女性がいた。

若い頃にお見合いで出会って結婚したという彼女の夫は、家庭的で仕事もできる人だったけれど、食事への注文がうるさかった。しかし彼女は50歳を過ぎてようやく夫のわがままを受け入れられるようになったという。

「夫は好き嫌いが激しいほうです。義母は女手一つで4人の子どもを育て上げた人で、夫は子ども時代にあまり愛情をかけてもらえなかったとか。そんな中、唯一駄々をこねられたのが食事の席だったようです。その時のクセが今も抜けないんですね」

彼女はそうした**夫の家庭環境を理解し、「そうなるのもしかたがない」と受け入れたことで、幼稚に見えていた夫の行動が逆に愛おしく感じられるようになったのだ。**

一方、30代前半のある相談者の女性は、離婚を決心した。出歩くのが好きな夫との不仲が原因だ。

積極的にキャリアを積んできた女性は、夫の求めで離職して家事と育児に専念した。その反面で、社交的な夫はしょっちゅう何かの集まりだ飲み会だと出かけ、まっすぐ帰宅することがほとんどなかった。

相談者はそんな夫にだんだん疲れていった。

「私だけが頑張っているみたいで。夫は口では分かったと言いながら、週3日は帰宅が零時を過ぎてから。3年間の結婚生活の間ずっと寂しかったです。結婚前は社交的なところが魅力的だと思っていたのですが……結婚しているのにこんなに寂しい思いをするなら離婚したほうがまし。今は夫に何の期待もしていません」

私は家庭裁判所の家事調停委員として活動する中で、何組もの離婚を決心した夫婦と向き合ってきた。

表向きの理由は夫婦それぞれ違っても、**結局、彼らが別れる理由は一つ。「それでもこの人と一緒に努力して暮らしていきたい」という決心が揺らいだところにある。**

相談者の訴えには、ひどい夫だなとも思ったけれど、彼女も見落としていることがあった。それは、**結婚しても寂しいのは独身時代と変わらない**という事実だ。

結婚すれば2人になるから寂しくないはずだと考える人が多い。だから、ケンカをして互いに口を利かなくなったとか忙しすぎてすれ違う毎日が増えると、寂しさが募って耐えられなくなる。「ひとりじゃないのに孤独だ」という事実が受け入れ難いのだ。

この孤独は、若い頃にヒロイン気取りで味わったようなものではない。死と隣り合わせの老人が自身の存在意義を問う孤独と同じ類のものだ。

私たちは、結婚後にも寂しさがあることを把握しておかなければいけない。

寂しさを相手のせいにして恨む人もいるけれど、結婚しても自分が自分であるように、結婚しても寂しさという感情が消えてなくなるわけではない。

寂しさは生まれた瞬間に誰もが抱えるものだ。**「寂しさは人生の悩みごとの一つ」と割り切って付き合っていけば、他人を苦しめることもない。**

結婚生活はいつだって現在進行形。それを維持する当事者でさえ早合点してはいけないのが結婚なのだ。

ただ、**時が流れて変わっていく配偶者と自分の姿をありのまま受け入れ、ふいに訪れる人生の寂しさもしっかり受け止めることができれば、結婚生活にもっと幸せを感じられるはずだ。**

アメリカにいるあなたは、夫婦の職場が遠く離れているせいで週末婚暮らしだけど、2人ともしっかりやっていて、感心している。

それでもある日、ふいに寂しさに負けそうになったら母に電話してきなさい。いつもみたいに、笑って冗談を飛ばしてあげるから。

22／素の自分をさらけ出せる相手を選びなさい

恋愛中に最もつらいのは、愛をひとりで抱え込むようになったときだろう。**2人一緒に始めた恋愛なのに冷める速さはそれぞれ違うのだから。**

相手への愛がますます深まってもっと尽くしたいと思っていても、相手のほうはこちらと距離を置きたがる。毎朝かけ合っていた甘いモーニングコールも、四六時中送り合っていたメッセージもいつしか自分からのものばかりになり、久しぶりの週末デートも、疲れているのか相手は心ここにあらずだ。

思い切って相手の本心を聞いてみたいけれど、裏目に出そうで二の足を踏む。

世の中、「何事も努力次第だ」なんて言うけれど、こと恋愛においては話は別だ。思いが強いほうが立場は弱くなり、思いが軽いほうが関係の主導権を握る。

そしてある日突然、恋が終わる。離れて行った相手の心はどうにもならない。相手は去り、思いが強いほうがひとりぽつんと残される。

そんな失恋の痛みを経験した若者たちが、恋愛はこりごりだと診療室にやって来る。もう絶対に恋愛において弱者にはならない、馬鹿みたいに自分の心を全部さらけ出したりするものかと言いながら。

そんな彼らに、私が毎回伝えていることがある。

相手より深く愛することは罪じゃない。

それに、たとえ一方的に別れを告げられたとしても、心の底から相手を愛し、慈しんだ人は後悔しないものだと。後悔するのは、むしろ思いが軽かった人のほうなのだと……。

しかし残念ながら、こうした私の愛情学講義は彼らの耳に届かない。

失恋経験を土台に、「尽くす者は捨てられる」という教訓だけを得て、次の恋愛では主導権を握ろうとその方法を探しにいく。恋愛上手だという友人にアドバイスを求め、インターネットで検索し、恋愛指南書を読みあさる。

そして彼らは、「恋は駆け引きが重要」「気のある相手には無関心を装う」「相手に飽きられないようギャップのある魅力を見せる」といった、**いわゆる「誰からも恋愛対象に見られる異性」になるための方法を追求するのだ。**

恋愛指南書を破り捨てないと現実と完全にズレてしまう

数多くの恋愛指南書が共通して語っていることに、「男性には狩猟本能がある」というものがある。

「男性は狙った獲物を手に入れることに喜びを感じる生き物であり、そのあとのことには特に関心がない。したがって女性は男性に対し、絶えず新しい目標を提示し、手が届きそうで届かない女性になることが重要だ。こちらから先に愛情表現をするのはタブー。恋愛の主導権を握るには、気付かれないように男を操る女ギツネでいることだ」などと説く。

こうした恋愛指南書はその根拠として、進化理論を挙げている。「女性は妊娠、出産、授乳をするため、子どもへの献身度が男性よりはるかに高い。だから自分と子どもに献身する意志と能力のある男性を求める。反対に男性は、できるだけ自分の遺伝子をばらまきたいと考える。だから可能な限りたくさんの女性と交際しようとし、若くて美しいほど喜ぶ」という内容だ。

ところで、本当にすべての男性がそうなのだろうか？　とってもジェントルでインテリジェントな男性でも、**みんな一皮剥けば狩猟本能しか残らないのだろうか？**

これが事実なのかを調べた人がいる。ハーバード大学で恋愛学を教えていたマリ・ルティ教授は、何人もの男性に次のようなメールを送った。

「恋人や妻が電球を取り替えている姿を見たら幻滅する？」

なぜこうした文面を送ったのかというと、恋愛指南書に、「男性はリードを取りたがる有能な女性を好まないため、電球を取り替えるなら男性が見ていないときにすること」と書いてあったからだという。

やがて、パラパラと返信が届き始める。

「**女性が電球を取り替えたら幻滅するかって？　冗談言うなよ。進んで能力を発揮する女性こそ魅力的だ**」「自分が尊敬できる人と付き合いたいから、電球一つ替えられない女性との恋愛はないね」

この実験は、男性の恋愛心理を誇張して投げかけた質問ではあるけれど、実に的を射ている。脳や体が男性だからといって誰もがハンターではない。

ならば、**男性には浮気者の気質があると考えるのはなぜだろう？　これこそ、社会的な固定観念のせいだ。**

ある心理実験で面白い結果が出ている。**男女を問わず、人は異性を見るとき、正直さ、責任感、寛容さなどの性質を重視しているというのだ。**

しかし、「異性はこちらの性のどんな部分を重視していると思うか」という問いには、まるで違う答えが返ってきた。

女性は「男性は女性のセクシーさや、結婚後どのくらい家庭に尽くすかを重視しているだろう」と答え、男性は「女性は男が成功者かどうか、または成功しそうかどうかへの関心が高いはずだ」と答えた。

つまり、**人は、異性が自分に対して「男らしさ」や「女らしさ」というステレオタイプの異性像を期待しているのだと思い込んでいて、それに合わせて行動しようとしていることが分かる。**実際に重視していることと完全にズレているのである。

そうした固定観念が、人の行動を制限する。

女性は交際中にあまり多くを望むと男性にうんざりされるかもしれないと恐れ、率直な欲求を隠すことに慣れていく。デートしたくても、結婚したくても、男性が先に決めるまでじっと待つ。そしてそのうちに疲れてしまう……。

男性も同じだ。根がナイーブな男性は、女性に軟弱すぎると思われないようにわざと強がってみせる。こうしたことが空回りを繰り返させ、男女は互いに親密な関係を築くことができないままとなるのだ。

愛することと同じくらい愛されるのにも勇気が必要だ

世の中には、それこそ狩りをするような感覚で女性を狙う悪い男もいれば、ケンカの責任を女性にだけなすりつけるふてぶてしい男など、愚かな男性が一定数いるものだ。

こういう男性は女性が愛情を求めても、それは女性の自信のなさや依存心が強いせいだと論点をすり替えたり、「俺のような悪いやつは君と一緒にいる資格がない」などと言って関係から逃げ出そうとしたりする。

女性側は何の落ち度もないのに、「私が美人じゃないから」「私の行動が重すぎたせいかも」と自分を責めるようになる。

そんな彼女たちに、どうしても言いたい。

「恋愛指南書を読む前に、その男が、果たして本当に付き合う価値のある人間なのか、よく考えて！」と。

世の中には彼らよりいい男はいくらでもいる。女性の立場をきちんと理解し、共感して、2人の関係に最善を尽くす男性が。

だから男性の心をつなぎ止めようと女ギツネを目指す必要などない。

本物のいい男なら、駆け引きなどしなくても十分に相手を理解してくれるのだから。


昔、あなたに言ったこの言葉を覚えているだろうか？

「あなたにほれていない男とは付き合っちゃダメよ」

これは、あなたの好意以上に、彼の思いが強くあるべきだという意味ではない。**「ありのままのあなたを愛している男性と付き合いなさい」**という意味だ。

恋愛において大事なことの一つが、「素の自分の姿をさらけ出せるかどうか」ということだ。愛している分だけ表現し、望んでいることを正直に話し、ときには隠してしまいたい姿さえ共有することができてこそ、2人の愛も広がるものだ。

恋愛は、それぞれ異なる人生を生きてきた2人が出会い、互いにいろいろな面を覚醒させながら新しい世界を経験することだ。それには〝恋愛テクニック〟などというもので自分を隠していては話にならない。

そして、**愛することと同じくらい、愛されることにも勇気が必要だ。**

恋人がそばにいるのに、別れの予感がするほどの寂しさを感じているのなら、「今、この恋を自分ひとりで抱え込んでいないか？」と自問してみてほしい。

万一そうだったら、その恋は停止ボタンを押すべきだ。**尽くすことに慣れ過ぎて愛を与えてばかりいる人ほど、まずは自分を愛する力を伸ばすことのほうに目を向けてほしい。**相手に愛をそそぎながら、自分のことも大切にできるようにね。

失恋して髪を切る女性も多い。いつだったか、失恋して悲しみの淵にいる女性に言った。

「失恋したからといって髪を切らないで」と。まっすぐなロングヘアがよく似合う女性だったので、彼女を傷つけるような男のために、すてきなチャームポイントを手放してしまうのは惜しいと思ったのだ。

それで本当に気分が晴れるならいいのだが、**どんな理由であれ、自分自身を粗末に扱うようなことはしてはいけない。**

当の本人さえぞんざいに扱っている自分のことを、誰が好きになるだろうか？

当然いないだろう、悪い男以外はね。

4章 思い通りにならない気持ちは休ませて

——感情について

23／自尊感情——あなたは愛される価値のある大切な存在だ

「小さな巨人」。自分の夫のことをそう呼ぶ女性がいた。

彼女の夫はとても背が低く、そのコンプレックスをはねのけるように熱心に働いて大成功を収めた人だ。彼女にとって夫は、自分のプライドを十分に満足させてくれる存在だった。彼女が夫を「小さな巨人」と呼ぶ理由だ。

しかし、はたから見て何の問題もなさそうなこの夫婦の内情は違っていた。**妻はいつも夫に疎外されているように感じながら生きてきたという。**

夫はというと、劣等感を優越感に置き換えることに人生を懸けて生きてきた。成功街道をひた走っているときは優越感にも浸れて生きた心地がし、少しでも批判されようものなら自尊感情が一瞬で地に落ちた。他人の目が基準となっていた彼の自尊感情は、劣等感と優越感の間をジェットコースターのように上下動した。

夫は夫なりに必死に生きてきたのだが、その結果、彼の人生には他人どころか妻の居場所も、そして本人の居場所さえなくなってしまっていたのだ。

彼は誰のことも愛せず、自分のことさえ愛せないワーカホリックでしかなかった。

人間である以上、誰もが承認欲求から逃れられない

競争社会に生きる現代人は、「他人に認められること」に対して敏感だ。これは至極当然のこと。なぜなら現代人は、学習能力がテストの点数に置き換えられるように、幼い頃から何事も数値で測られ、比べられながら生きているのだから。

学校でも成績やスポーツなど何かにずばぬけていれば一目置かれるが、どれもそこそこ程度では存在感の薄い生徒に成り下がる。これでは、達成の基準が「自分」から「他人や世間」になってしまうのも無理はない。他人が良しとすることをもっと頑張ろうと努力するようになるのには、そうした背景がある。

湖面に映る自分の姿に一目ぼれしたナルキッソスのように、他人の目に映る自分の姿を通して存在感を得る人々。

彼らは行き過ぎた承認欲求が自分を苦しめていることも自覚している。

しかしここで、一つだけ踏まえておいてほしいことがある。

この場合、承認欲求が「行き過ぎている」ことが問題なのであって、**人間というものは、「生まれつき他人から認められることを望む存在である」**という点だ。

「私」が何者であるかという自己概念は、生まれた瞬間から絶えず形作られていく「過程の産物」である。

この概念は決してひとりでは作り上げることができない。鏡がなければ自分の姿を知ることができないように、自分に向かって誰かが行動や気持ちを反映してくれる「**ミラーリング**」を通じて、ようやく「私」という自己概念が作られるのだ。

分かりやすい例を挙げてみよう。むずかっている赤ちゃんがいたとする。養育者が、この子の要求を認めて適切に面倒を見てやれば、この子は「自分は愛される価値のある人間なのだ」と肯定的な自己概念を形成する。逆に要求に対して養育者に怒られたり無視されたりすると、赤ちゃんは「自分に何か非があったせいだろう」と否定的な自己概念を形成する。

このように人間は皆、他人の反応を通じて「自分」を位置づけ、自己概念を作り上げていく。すなわち、**他人と世間の承認から完全に自由になれる人間などひとりもいない**ということだ。

だから、賞賛欲しさの努力であったとしても、その努力の価値まで卑しいなんてことはありえない。むしろ頑張った自分を十分に褒めてやるべきなのだ。

あなたは、ケン・ブランチャードが書いた『Whale Done!』というベストセラー本を知っているだろうか？　以前、この本の韓国語版のタイトル『賞賛はクジラをも踊らせる』が流行語みたいに独り歩きしたことがあった。それくらい賞賛は人の気持ちをワクワクさせてくれるものだ。

賞賛のような肯定的なフィードバックは、子どもたちの行動を好ましい方向に改めさせるときに絶大な効果をもたらしてくれる。もちろん大人であっても、**世間や他人から認められ、賞賛されることは前向きな原動力となる。**

愛し、愛されるのに資格なんて必要ない

一方で、否定的なフィードバックだけを受け続けてきた人たちの場合は話が違ってくる。彼らの心には「**自分は愛される資格もない**」という考えが深く根を張っていて、**いつでも自分の不幸を証明してみせるような行動を取る。**

たとえば、健康や人間関係を損なうと知りながら成功だけを求めて疲弊してしまったり、ひどい恋人に振り回されてみたり、時には成功まであと一歩のところまで来てわざとあきらめてみたりする。

いろいろな言い訳を並べ立てるものの、そうする理由はたった一つ。自分には分不相応だ、自分は愛される価値などないと思っているからだ。

彼らが抱えている自尊感情の問題は簡単には解決しない。長い間凝り固まった思考を変えるためには、同じように長い時間をかけて努力するほかない。

そんな彼らに、私が必ず伝えていることがある。

「愛されるのに資格など必要ない」ということだ。

彼らは、自分が愛されるためには、「もっと力をつけないと」とか「ルックスがよくないと」、その資格がないと信じていてむなしい努力を繰り返す。また、お金やステータスにモノを言わせて相手の関心や愛情を手に入れたとしても、それで自分のことを確固たる存在として愛せるようにもなれないのだ。

愛し、愛されることは本能に近い能力であり、人は皆そうした能力を心の奥に秘めているのだ。

以前、診療室を訪ねてきた中年男性の話が参考になるだろう。彼は幼い頃に親に捨てられ、うつ病の症状に悩まされながら成長してきた。

結婚して3人の子どもの父親になったが、親に愛された経験のない自分が子育てをしながら子どもに愛情を注げているのか、ずっと不安だったそうだ。

ところが同席した彼の妻の弁はまるで異なっていた。「この世に夫ほど子煩悩な父親はいない、わが家ほど幸せな家庭はないはずだ」と笑顔を見せたのだ。

彼らの話を聞きながら、改めて気付いたことがある。**たとえ生い立ちが不遇であったとしても、「愛し愛され、幸せに生きたい」という欲は誰にでもある。**

そして、その力で明日を変えていける存在が人間なのだと。

だからもし、あなたが、過去のつらい記憶がこの先も繰り返されるように思えても、決してそうではないと信じてほしい。

前にも述べたように、「私」という自己概念は「過程の産物」なのである。つまり、決まりきったものではないということだ。

自分が今、ここでどんな選択をするかで明日の人生が変わっていく。

自尊感情が高い人でも試練にぶつかれば涙を流す

あなたは「**自尊感情**」ってどんなものだと思う?

簡単にまとめるなら、「**自分は愛される価値のある大切な存在であり、人生で直面するいかなる問題にも適切に対処する能力がある人間だ**」という信念が自尊感情だ。そう考えると、自尊感情とは心の基礎体力みたいなものかもしれない。

野球やサッカーみたいな1シーズンが数カ月にも及ぶような競技で、最終的に優勝できるのは結局「底力」のあるチームだ。同じように、**人生という心配事の尽きない長い旅路を歩ませてくれる「底力」が、自尊感情なのだ。**

もちろん、自尊感情がどうあれ不運は降りかかるものだが、自尊感情が高ければそれで簡単に崩れることもないものだ。

自尊感情がいかに重要か、多くの人が知るところとなって久しい。

しかし、「他人の発したひと言に簡単に傷ついて動揺した」とか「他人の視線を気にしすぎる」「小さな失敗にも大きく挫折する」といった行動に対し、「だから自分は自尊感情が低い人間なのだろう」と原因を短絡的に分析する人も増えたように思う。

中には自尊感情を一種のスペックのようにとらえて、学習して高めていく対象だと考えている人もいる。

しかし、**自尊感情の高い人であっても試練にぶつかれば涙を流し、トゲのある言葉に傷つきもし、自分は何かが欠けているのではないかと悩むこともある。**

自尊感情が低下する経験は日常にあふれているため、そうした反応は自然なことであり、その部分だけで自尊感情が低いと判断してはいけない。

もし、本当に自尊感情が低いことで起こる心理的な問題を繰り返しているのでなければ、**一時的な自尊感情の低下は風邪のようなものだと思って乗り越えたほうがいい。**

ネガティブ思考を変えたいとか不快な感情を忘れようともがくほど、むしろ余計に意識がそこに集中してしまうように、自尊感情が低いのではと悩みすぎても、欠けた部分をよりフォーカスしてしまうだけだ。

むしろ傷ついた自尊感情のことは一旦放っておき、今すぐやるべきことのほうに集中してみよう。**肯定的なフィードバックが増えるにつれ、自尊感情はひとりでに強くなっていく**からだ。

近ごろ地下鉄に乗ると、飽きもせず鏡を覗き込んでいる女の子に出会うことがよくある。

一昔前なら、「誰か気に入られたい相手でもいるの？」と冷やかされたものだろう。

しかし近ごろの女の子たちはそうじゃない。**他人の目よりも自分で見て満足で**

きることのほうが重要なのだそうだ。

誰かに見られる存在ではなく、自分自身に対して「私は私のスタイルが好き！」と言える女の子たち。彼女たちみたいな自尊感情を持てれば、厳しい世の中でも大きく揺らいだりせずに乗り越えて行けるはず。

いつでも自分のことを好きでいて応援してくれる、「自分」という頼もしい友達がそばにいてくれるからだ。

24／

憂鬱──しばらく生きる速度を落として、自分と人生を振り返る時間を持つ

まるで深い沼にズブズブ沈んでいくような気分──。あなたにもそんな気分のときがないだろうか。

何をするのにも元気が出なくて、すべてが無意味に思える。そんなだらしない自分が嫌になって、ジムに行ったり友人に会ったりしてみるけれど、帰宅した瞬間にむなしさがどっと押し寄せて、ついにはお風呂や食事も面倒になる。

ずっと寝ていたいのに寝付けなくて悩まされる。集中力や記憶力が低下して会社でもしょっちゅう凡ミスを繰り返す。趣味や娯楽にも興味がわかない。**何をしてもどこへ行っても動いているのは体だけで、気分が重い……。**これはまさに「憂鬱」に襲われている状態だ。

憂鬱になる因子の中でも多いのが、「**対象喪失**」をきっかけにした心理的ストレスである。

対象喪失とは大切な人や何かを失うことだ。

愛していた人、ずっと目指してきた目標、苦労して築き上げた社会的・経済的地位を失ったときなどの喪失感を想像してみてほしい。まるで自分の体が欠けたように苦しい。それなのに、何もできない自分がくやしくて腹が立って仕方ない。やがて、**「自分は何をやってもダメだ」という無力感、無価値感に襲われる。**

ところが、**仕事もプライベートも順調でうまくいっている人であっても、急に落ち込むことがある。**人が憂鬱になるときに、必ずしも何かの大きなきっかけがあるとは限らないのだ。

そんな人たちが診療室に来て口々にこう言う。

「自分でも、なぜここまで落ち込んでいるのか分からないんです」

彼らに対し、私が必ず伝えていることがある。

それは、「**人間の感情は非常に主観的である**」ということだ。

幸せな条件がそろっていれば誰もが幸せだと思うわけでもなく、不幸な状況に

あるからといって誰もが不幸だと思うわけではない。

人によってはその不幸を嘆いて自死を選び、ある人は不幸を乗り越えようと努力し、その過程で感謝や幸せの意味を見出したりもする。

このように感情が主観的なものであるがゆえ、ある感情に襲われてひどく苦しいときは、その原因を外的な要因にのみ探すのではなく、必ず自分の内面にも目を向けるべきだ。

憂鬱な感情もこれと同じ。大切な対象を失ったときに訪れる気分の落ち込みは一時的なものであり、人間としてごく自然な感覚である。

しかし、その落ち込みの程度が強すぎたり、日常的に長く続いたりするようであれば、**その憂鬱感がなぜ今自分に訪れるのか、自分の内面を丁寧に見つめる必要がある。**

成功者も良心的な人も憂鬱に陥ってしまう

憂鬱に陥る因子はさまざまである。

幼い頃に親から虐待を受けたり、いじめなどたび重なるストレスにさらされてきたりした人たちも、深い憂鬱に陥りやすい。

幼い頃は、親や状況、対象に対して怒りや恨めしさを感じても、自力でその苦難を打開することができなかった。その頃に刻まれた自分の無力さと、そして世間に対する記憶は大人になっても上書きされることがない。彼らは絶えず、「自分の力ではどうすることもできない」とあきらめてきた。いわゆる「**学習性無力感**」だ。

足をクサリでつながれた子ゾウは、クサリを引きちぎる力が十分に備わった大人になってもそれを試みようとしない。このように、無力感を学習してしまうと、そこを打開する力が十分にあるにもかかわらず、努力しようと思わなくなるのだ。

この無力感というのは、なかなか手ごわいもので、**自分の人生なのに主体が自分ではなくなり、「自分は状況に応じて流されるひ弱な存在である」と思い込まされてしまう。**こういう人たちがストレスに直面すると、出口がないように考えるため、深い憂鬱、抑鬱状態に陥る。

一方で、万能で何事もテキパキとこなせる人たちも、意外に深い憂鬱に陥ることがある。

彼らが陥るのは、主に恥ずかしさや屈辱からくる憂鬱だ。**はた目には多くの成功を収めたように見える人でも、自己愛が強すぎると、理想に届かない自分のことがいつも情けなく、恥ずかしく映る。**

彼らの世界は白か黒しかなく、仕事に対しても成功か失敗か、人を判断するときも善人か悪人しかない。

しかし、失敗の伴わない成功も万人から愛されることも、この世で可能なわけがない。彼らは結局、小さくても失敗に直面することになり、「やはり自分はダメだ」と、深い憂鬱に陥ってしまうのだ。

自分に対する処罰の基準が厳しい人たちも、憂鬱になりやすい。彼らの特徴として、「**やたら良心的である**」という点が挙げられる。ゆえに彼らは「自分の成功の中に潜む競争心や攻撃性も罰を受ける対象である」と無意識のうちに思い込んでしまうのだ。

自分に対してひどく批判的で、幸せを感じるとむしろ不安になる。

ゆえにすすんで苦しいほうを選び、理不尽な仕事を引き受けたりもする。

そのせいだろうか。彼らが世界中の重荷をひとりで背負い込んでいるような、いつも浮かない顔をして元気がないのは。

少しリラックスして憂鬱な気分を味わってみる

「私はダメな人間だ」「自分ではどうすることもできない」「私には幸せになる価値もない」……自分に向けられた冷ややかでネガティブな視線。これが憂鬱な気分の背景だ。

しかし、それが分かっているならば憂鬱から抜け出すことも難しくないように思える。

感情は主観的なもの。自分に向ける視線の角度を変えれば、感情が変わるからだ。

もちろん、これが言うほど簡単ではないのは百も承知だ。**長い時間をかけて凝り固まった価値観や考え方を変えるのは、一朝一夕にできることではない。**

だからこそ、憂鬱な状態が長びいていると思ったら迷わず助けを求めてほしい。

よく、「うつ病は心の風邪」などというが、死に至らしめることもある恐ろしい風邪もあることを忘れないで。

それに加え、最近の医学界では、重度のうつ病を「脳の生物化学的なバランスが崩れた病気である」ととらえて、効果的な治療法を開発しているのだ。もし、あなたの近くにうつ病で苦しんでいる人がいたら、ためらわず病院に行くことを勧めてあげてほしい。

病気というほどの憂鬱でないなら、憂鬱な気分や状態をそれほど恐れないでと伝えたい。

憂鬱とは、「今、私はとても苦しい」「あまり私に冷たくしたり厳しくしすぎたりしないで」と訴える心の叫びだ。

失敗に容赦ない親に育てられた子どもが好奇心をなくしてしまうように、自分の中にいる監視官が厳しすぎて、「このままじゃ生きる喜びを失ってしまうよ！」と警告するサインでもある。

だから、そんなときは、**しばらく生きる速度を落として、自分と自分の人生を振り返る時間を持つといい。**気付かないうちに大切な何かを失ってはいなかったか、振り返ってみなさいという意味だ。

「成功している自分」や、「道徳的ですばらしい価値を追求する自分」も大切だが、**「自由で元気いっぱいに、ただ思うままに生きている自分」も大切なのだ。**そのバランスを取り戻せれば、憂鬱も自然に遠ざかる。

あなたは、憂鬱をテーマにした映画や文学作品がなぜ多いのか考えたことがある？

作家の中には、憂鬱がクリエイションの源泉であるという人も少なくない。きっとそれだけ、憂鬱が生きる本質や人生の中心、自分の要に人を導いてくれるからではないかと私は考えている。

だからもし、**あなたが憂鬱になったときは、少しリラックスして憂鬱な気分を「味わって」みるのも悪くないと思う。**

底なし沼だと思っていた憂鬱な気分にも、底がある。

その底を蹴り上げて再び水面に浮かび上がったとき、目に見える世界は以前よりずっとキラキラして美しいのだ。

そう考えたら、憂鬱の沼だって恐れる必要はない。

「憂鬱の沼」は、「思考の沼」そのものなのだから。

25／不安——今が不安なのは、人生がうまくいっている証拠だ

62歳の女性相談者の話をしよう。彼女は診療室を訪れては心配事を切々と訴えていたのだが、いつ聞いても夫は真面目に働いて家にお金を入れているし、息子も娘も問題なし。友人も多ければ教会の活動でも役職について忙しく過ごしている。

「何の問題もないようにお見受けしますが、どうして心配事が多いのですか？　幸せに過ごしていらっしゃると思うのですが」

「そこなんです。先生、私、幸せで間違いないですよね？　本当に幸せなのですよね？」

「もちろんです、あなたのは取り越し苦労ですよ」

ところで、こんなやりとりをゆうに3年も続けていたって、信じられる？

彼女は、**「あなたが幸せなことに間違いありません」という私の言葉を聞くために、3年も診療室を訪れていた**のだ。

まだ起きてもいないことまで思い悩んで、無用の心配をする人たち。人ってなぜこんなにも心配事が多いのだろう。10代の時は志望校に受かるかどうか心配し、20代の時は就職活動で不安になる。30代ではマイホーム購入の夢が遠のくたびにストレスを感じ、40代ではいつ会社をクビになるかと戦々恐々とし、50代では退職後の生活と健康に対する不安で眠れなくなる。

一つの心配事が一段落しても、すぐに別の心配事が始まるのが人間の心というものだ。

不安から自由になれる人間などいない

スイス生まれの作家、アラン・ド・ボトンは、著書『もうひとつの愛を哲学する』(集英社)の中で、「不安とは、現代の野望の召使いである」と語っている。

昔は物も乏しく、生まれながらにして身分も定められていた不平等社会だった。それでも比較されることによる苦しみは今ほどではなかったという。農民には農民の、貴族には貴族の、それぞれの階級の中での暮らしがあっただけで、たとえ生活に窮したとしても、誰かを妬んだりすることもなく心は平和だったそうだ。

それが**現代の社会では、ステータスも成果も年収もすべて個人の能力次第、成功できなければ本人の努力不足だとみなされる。**おまけに高い位置に上がるほど座席数はわずかで、そこに座るにはたくさんの競争相手をなぎ倒さねばならない。これが結果的に、絶えずライバルと自分を比較せざるを得ない社会となったというわけだ。

以前、あるドキュメンタリー番組で、大学「5年生」となる在学中の男子学生がこんなことを言っていた。

「**これだけのスペックを積んでも不安なんです。**きっとほかのみんなも同じだろうし、彼らより上に行くにはもっとスペックを積まなくては」。そう言ってため息をついた青年の顔が今も忘れられない。

ふと、大学生のUさんのことを思い出した。彼女は今どうしているのだろう。大学最後の学期を残して休学届を出したUさんは、ネットカフェでアルバイトをしながら過ごしていた。そんなときたまたま覗いたフェイスブックで、古い友人の近況を知った。昔は自分よりも冴えないタイプだったその友人が、今はスペインに留学して幸せそうに過ごしていたのだ。

「私が薄暗い部屋で最低賃金をもらいながら一日を過ごしているのに、あの子は青春を思いっきり謳歌してるんだなって思ったら……」

20代半ばのUさんは、大学卒業を前に少しでも成長しているべきだと考えていたが、特にこれといった成果や実績もないことから憂鬱になっていた。そんなときに自分より下に見ていた友人のキラキラした姿を目の当たりにして、いっそうみじめに思えたのだった。

Uさんを苦しめたものは、実績不足でもアルバイト生活でもなく、友人との比較だった。

「みんなより先を行けずとも遅れるなんてあってはならないのに、私はこんなところで何をしているの?」。Uさんは突如襲ってきた不安に耐えられなくなった。

不安とは恐ろしい存在だ。不安を感じた瞬間に筋肉が緊張し、鼓動が速くなり、めまいを感じる。一刻も早くこんな状態から抜け出したいと思うものだ。

しかしもし、Uさんが必死に努力して欲しいものをすべて手に入れていたとして、不安はすべて解消されていただろうか?

残念ながら、それはない。**人間は不安とともに生きていかねばならない生き物だからだ。**

不安とは、もっと成長したいという心のシグナルだ

デンマークの哲学者キルケゴールが、不安についてこんなふうに言っている。

「不安は人間を麻痺させもするが、**一方で人間を発展させる無限の可能性をはらむものである**」と。

私も同感だ。結果的に不安が人の行動の役に立つことも多いからだ。

不安には、迫りくる危険を事前に知らせ、準備させる機能がある。人が危険から身を守ることができるのも、ある程度の不安と恐怖があるおかげだ。不安だか

ら試験勉強をするのであり、仕事で損をしたくないから判断に慎重になる。運転だって、事故に対する恐怖があるからルールを守るのだ。

こうした例はほかにもある。『種の起源』を書いたダーウィンや『ファウスト』のゲーテ、『ゴドーを待ちながら』のサミュエル・ベケット、『変身』のフランツ・カフカ。彼らの共通点は何だと思う？

実は彼らは皆、不安障害を抱えていた。しかし、その不安が彼らの想像力と創作力を高め、能力を最大限に引き出して偉大な作品の誕生につながったとも考えられる。

だから不安な感情に悩まされたとしてもそれほど怖がる必要もなく、「ほかのみんなはうまくやっているのに、どうして私はダメなんだろう？」なんて落ち込む必要もないのだ。

病的なほどの不安でない限り、不安とは、「もっと成長したい」という心のサインだともいえる。

もちろん、あまりにも不安で何も手につかないようなときは、不安に対する積極的なガードが必要だ。次に紹介する三つのことを覚えておいて損はない。

まず一つ目。不安を鎮める一番の方法は**体に仕事をさせる**ことだ。「忙しすぎてほかのことに気が回らない」などとよく言うが、実際、忙しくしていると目の前のことにエネルギーを集中させるため、ちょっとした不安はどこかへ消えていく。

二つ目。他人との比較からくる不安なら、**関心の焦点を自分に合わせる**ことも有効だ。これによって、「私」という人間を丸ごと考えることになる。すると、「人よりダメな部分もあるけれど、逆に私だけのいい部分もある」と気付くことができ、他人との比較に簡単に揺らがなくなる。

また、比較対象の相手は、過去の自分でもいいのだ。昨日の自分よりも少しでも良くなっているのなら、それも立派な成長だということ。こんなふうに見方を変えるだけでも、不安を鎮める良い方法となる。

哲学者のトマス・ネーゲルがこんなことを言っている。

「我々の人生が大きな意味を持つ方法は無限にあるのに、全体としての人生の意味を語る解説がないことが問題なのである。**成功や失敗、闘争や失望は、全体としての人生のほんの〝一部〟に過ぎない**」

つまり、私たちが他人の幸せや叶えられなかった欲望などの〝一部〟に対して一喜一憂するのは、そこに全体としての人生の意味が存在していないからだ。たとえ〝一部〟が揺れ動いたとしても、**全体としての「自分」は堂々と構えているべき。**それでこそどんな嵐にも転覆することなく航海できるというものだ。

三つ目。不安な心配事があって、それが到底自分の手に負えないようなもののときは、その**心配事を頭から丸ごと消し去る**ことをお勧めする。

実は、人間の心配事のほとんどは解決できないことなのだ。すでにギリギリの状態なのに、手に負えない不安まで抱えながら生きていくのは不可能だ。

だから、**簡単に解決できそうなものだけはさっさと解決し、そうでないものは先送りする！**　これに限る。

私は不安を訴える人たちよりも、**不安を自覚できていない人のほうが心配だ。**うつ病の患者たちがよく口にするのが、「自分の未来などまるで関心がない」というものだ。**生きる理由や関心がないから欲望もなく、欲望がないから不満もないというわけだ。**そんな彼らが自死まで考えてしまう。

だから私は、人の欲望というのは、生きる動機を与えてくれる力だと思っている。人間を生かすための、魂のエンジンだ。

不安で苦しんでいるときは、その感情を無視するのではなく、まずはそのシグナルにきちんと注意を傾けること。

「不安だ」と感じることは、「ここからもっと成長したい」という心のシグナルであり、何よりも今、**人生を確実に歩んでいるという証拠**なのだ。

26／嫉妬心——自分に足りないものを認め、手に入れるための刺激にする

「私、みんなが私より成功したらどうしようって、ずっと不安だったの」

映画『マイ・ブラック・ミニドレス』で女優を目指していたスジンが、成功したヘジに投げかけた言葉だ。

4人の主人公ユミン、ヘジ、スジン、ミニは、名門大学の演劇映画学科で出会い、いつもつるんでいた仲間だった。卒業すれば道が開けるだろうという期待とは裏腹に、それぞれが就職に失敗したり、家庭の事情が悪化したり、恋愛がこじれたりする。

そんな中、遊び人だったヘジだけが突然売れてスター俳優になると、4人の間に微妙な空気が流れ始める。3人の友人は誰もヘジに祝福の言葉をかけようとしない……。

あなたも一度くらいはスジンのような感情を抱いたことがあるはずだ。毎日一緒に過ごしてきた友人が突然自分よりも成功したときに感じる感情――、嫉妬心だ。

自分と似たり寄ったりだと思っていた友人が成功していく姿を見て、祝福する気持ちよりも、友人の失敗を望む気持ちのほうが大きくなる。

だけど、それよりもっと胸が痛むのは何だか分かる？　**友人のことを憎らしいと思う自分のことが情けなく、みじめに思えることのほうだ。**

身近な人であるほど嫉妬心は強くなる

自分が手に入れたいものを相手が持っているとき、嫉妬心は、相手に嫌悪感を抱くように仕向ける。

財力、ルックス、学歴、長所、功績、評判、幸運など、嫉妬心を誘引する対象はいろいろある。ほかにも、渋滞にハマっていて隣の車線だけスイスイ流れ出したときや、地下鉄で自分より後から乗ってきた人が先に座ったときなどに、ちょっとでも腹が立ったならその感情も嫉妬心に属するだろう。

つまり、生きている限り嫉妬心を避けられる可能性はゼロ。**嫉妬心という感情からは億万長者だって自由になれない。**

ところで、もっと厄介な事実がある。それは嫉妬心が、その対象が身近な人であるほどより強く噴出することだ。

たとえば、よい会社に就職して高い年俸をもらっていたり、ダイエットに成功してキレイになった人たち。これがテレビで見るような有名タレントの成功談なら痛くもかゆくもないが、その相手が友人や同級生だとなぜか大きな嫉妬心をおぼえるというような例だ。

成功しているのが身近な人であるだけに、自分もそこに至れたかもしれないのにできなかった、という憤りを感じるのだ。そして、「彼らは運がよかっただけだ」と自分に言いきかせてそこに至った彼らのことを卑下する。

また、嫉妬心は、自分より優れた人にだけ向けられるものではなく、自分より格下だと思っていた人に向けられることもある。

見下していた相手がどんどん距離を詰めてくるときに感じる居心地の悪さや焦り。自分と相手を明確に隔てていたはずの成績や容姿、職業などの要素が消えたり、その差がだんだん狭まってくると、恐れとなって迫ってくるのだ。

これについてイギリスの哲学者フランシス・ベーコンは、**「他人が向上しているときに立ち止まったままでは、湧き出る嫉妬の感情を防ぎようがない」**と述べている。

こうして嫉妬心に取りつかれると相手が持っているものを見ただけでも苦しむようになる。

イギリスの精神分析学者メラニー・クラインは、嫉妬心を「破滅に至らしめる死の本能」である「タナトス」の観点から説明している。過度な嫉妬心は対象を破壊するだけでなく、自身までも破壊して共倒れに導くというのだ。

嫉妬心の一番大きな問題は、嫉妬心に取りつかれた本人が自分の感情を認めないことにある。

相手が無礼だからとか、生意気だから、実力がないからなどとそれらしい理由を並べ立て、「羨ましいから」だとは口が裂けても言わない。

確かに、嫉妬心を認めることは、相手より自分が劣っているという事実を認めることであり、大きな勇気が必要だ。

しかしそれを認めない限り、自分も相手も破壊の渦から抜け出すことができない。

だからいつまでも嫉妬心に苦しめられるくらいなら、こうしたことを理解して、嫉妬心をポジティブな方向に利用しようという賢さが必要だ。

どんなにすばらしく見える人も劣等感を抱いている

嫉妬心に悩まされるということは、自分がどうしても手に入れたい何かがあるということだ。

ところが、嫉妬心というやつは仮面をかぶっていて、自分が相手の何を羨んでいるのかを見破ることは容易ではない。

しかしこれは、相手の長所や短所を一つひとつ考えているうちに見えてくる。**自分が手に入れたいものが何だったのか。**この方法は、嫉妬心を落ち着かせるのに役に立つ。

ドイツの心理学者ロルフ・ハウブルは著書『嫉妬心』（未邦訳）の中で、嫉妬心に対処する方法として二つの対照的な方法を紹介している。

一つ目の方法は破壊的なものだ。嫉妬心に駆られた人は、その対象を見下すような態度をとりながらも、心の中では、自分は対象のような立場には立てないだろうと考える。と同時に、嫉妬の対象が失墜することを願う。

もう一つの方法は建設的なものだ。**嫉妬の対象が持っているものを認め、自分も同じように持つことを目標に努力する。**このときの嫉妬心は自分を駆りたてる刺激になる。

さあ、あなたはどう思う？　嫉妬心が他人や自分を破壊することもあれば、こうして前向きに自分を作り上げていく原動力にもなりうるということを！

あなたも友人たちとこんな話をすることがあるだろう。

「どうして私には成功談がないのか？」

「なぜみんなはすんなりと成功するのに、私だけ報われないのか？」

しかし嫉妬される側の人たちは、そうやって羨ましがられる才能やチャンス、人脈を得るために多くのことを放棄してきたはずだ。

だから次からは、こうした話をするときは話し方を変えるべきかもしれない。

「あの人はその成功を得るために、一体何をあきらめてきたんだろう？」ってね。

『にんじん』で知られるフランスの小説家ジュール・ルナールは、こんな名言を残している。**「怠惰がもたらす天の報復は二つある。一つは自分の失敗であり、もう一つは自分がやらなかったことを行った隣人の成功である」**と。

なまけて何の努力もせずに成果だけを得ようとすれば、嫉妬心となって自分に跳ね返ってくるしかない。

また、**あなたが嫉妬心を向けているその相手にも劣等感があるということも忘れてはならない。**

輝かしいプリマドンナだって舞台を下りれば私たちと同じ日常があり、人としての苦しみを抱えながら生きている。

そんなことを思えば、自分の中にある猛烈な嫉妬の炎も少しは落ち着くだろう。

誰かに嫉妬されるのは「あなたがその人よりすてきだ」という証拠

嫉妬心に駆られて人を憎むのも苦しいが、逆に人から嫉妬されるのも苦しいものだ。

想像してみてほしい。こちらのアラを探し出そうと爪を研いでいる相手の前に立たされるときの気分を。**嫉妬される側にしてみれば、相手に悪いことをしたわけでもないのに、なぜここまで目の敵にされなければならないのかと憤る気持ちでいっぱいになる。**

おまけに、それならばと相手の気分をやわらげようと努力すると、それがさらに嫉妬心をあおる場合も少なくない。10代の頃の教室で、器量よしなのに外見に構わなかったり、中性的なイメージを守り続けるような子どもがいるが、それは嫉妬心から自分を守るための防護膜を作り上げた結果だ。そうすることで周りと付き合いやすくなることを学んだのだろう。

あなたも、もし誰かに嫉妬されて噛みつかれるようなことがあったら、悔しくて泣くだろう。

しかし、**嫉妬されるということは、あなたがその人よりも高いところにいるという事実の裏返しであり、それだけあなたがたくさんのものを手にしているということだ。**

また、嫉妬される責任はあなたにもある。欲望の対象を先に手にした者は、弱者に気を配る義務があるのだ。それが持つ者の倫理であり、配慮である。

だから、**もし誰かに嫉妬されるような立場に立った場合は、相手の立場を配慮して発言するようにしなさい。**

誰もが欲しがるものを、人より先に手に入れることほどうれしいことはないだろうし、誇りたくなるのも当然だ。どんなに共感能力に優れて気配りができる人であっても、知らず知らずのうちにおごりが出ることもあるもの。そんなとき、相手が感じる憤りや不満の大きさは想像以上なのだ。

受け入れる準備ができていない相手に自分の感情をぶつけるのはマナー違反なだけ。

うれしい気持ちを表現するのは、本当にあなたを大切にしてくれる身内だけに

とどめておくほうが無難だ。

私が定期的に参加している勉強会に、実に賢明だと感心している女性がいる。人の話をよく聞き、周囲を和ませ、誰からも慕われているが謙虚である。それとなく場の空気を読む感度の高さと自信をも兼ね備えているのだ。

真面目な性格で仕事でも頭角を現したが、手柄は仲間たちと分かち合い、自分の才能をひけらかすこともない。

彼女のような「賢明な謙虚さ」を誰もが持つことができれば、余計な嫉妬心に振り回されて大事なエネルギーを消耗することも減るのだろう。

誰かに嫉妬することもクセみたいなもので、このクセを直すには、自分の幸せと楽しみに集中する習慣をつけることだ。

とどのつまり、人は皆、幸せになるために生きているわけであり、幸せならば他人を羨んだり嫉妬したりすることもなくなるのである。

だからあなたも、自分が楽しいと思えること、幸せになれることをたくさんやりなさいね。

27／ 疲労——「できれば上等、できなくても結構」の精神で受け流す

「ワークライフバランス」という言葉が聞かれるようになって久しい。

過重労働から不調をきたした患者に数多く接してきた精神科医として、この言葉を初めて知ったときは跳び上がるほどうれしかった。私たちはずいぶんと長いこと仕事というやつに振り回されてきたから。あまりにも多くのことを犠牲にしながらね。

この国では、人として最低限の暮らしが当たり前になってからも、仕事優先の空気だけは残り続けていた。

そんな中、「アフター5のある人生」を希望する人たちが増えて、会社からの行き過ぎた要求には堂々と「ノー」と言える若者たちが登場し始めた。

今や、公私のバランスを取ることは、単純なトレンドを超えた新たなパラダイムとなった。もはやこの流れが逆行することはないだろう。

こうした社会の変化はとても喜ばしいが、それでも、物理的なバランスがすぐさま心理的なバランスに好影響をもたらすかというと、そうでもないようだ。

一昔前より帰宅時間が早まったからといって、仕事に対するストレスや慢性的な疲労感、未来に対する漠然とした不安を訴える人の数には変わりがないからだ。

「燃え尽き症候群」になる前に充電する時間をつくる

「完全燃焼したよ」。仕事でも遊びでも全力でやりきったときに言う言葉だが、ここには、「悔いのないほどやり切った」という意味のほかに、「明日のためのエネルギーも残っていない」という意味も含まれている。

何も残らないほどに燃え尽きた状態を「バーンアウト」といい、そんな人たちを「燃え尽き症候群」と呼ぶ。

「燃え尽き症候群」とは、主にワーカホリックだった人が突如やる気を失うことを指す。

激しい競争社会の中では、後れを取るまいと誰もが必死だ。仕事を完遂しなければというプレッシャーを抱えて休まず走り続け、帰宅しても仕事のことで胸騒ぎがし、ベッドに入っても頭の中でグルグルと思考が回り続ける。

そうこうするうちに、**何もしたくなくなるほど無気力な状態に陥る。**頭では「やらなくちゃ」と言い聞かせても体が言うことをきかない。ひどいときには、怒りや自己嫌悪に悩まされる。

充電する時間を自分に許さなかった結果、完全に放電しきってしまうのである。

そもそも、燃え尽き症候群になりやすいタイプというのがある。**自分の存在価値を仕事に置いていたり、やたら成功にこだわるタイプだ。**

何しろ彼らは理想が高い。自分が手がける仕事に失敗は許されず、しかも大成功でなくてはならない。そのため、絶えず自分を急きたて、追い込んでいる。

私が診ていたDさんも、燃え尽き症候群で苦しんできたひとりだった。

彼女は幼い頃からとにかく一生懸命に生きてきた人だった。裕福な家庭に生まれたが、彼女が小学校に上がる前に父親の会社が倒産し家運が傾いた。

以来、爪に火を点すように暮らしていた両親にとって、勉強が得意なDさんは頼みの綱だった。起死回生の一手を託されたDさんはその期待を一身に背負い、兵士のように前だけを見て走り続けた。

そのかいあって彼女は、よい会社に就職して同期よりも早く昇進し、大手企業からのスカウトが舞い込むほどのエキスパートに成長した。

そんなDさんが私を訪ねてきた理由は、原因不明の怒りからだった。

数カ月前、Dさんが会社で進めていたプロジェクトがとん挫する出来事があった。平素からほとんどミスがなく、たとえミスしてもすぐに立て直してきたDさんだったが、なぜかその失敗だけは彼女の心に深いダメージを与えた。

どんな励ましを受けても「いつか失敗するだろうと思っていた」という皮肉に聞こえ、業務的な提案も「あなたより私のほうが仕事がデキるでしょう？」という当て付けに思えた。そのたびに彼女は「こんなにも会社に尽くしてきた私に向かって、よくそんなことが言えたもんだわね！」と怒りを爆発させてきたという——。

何度かの診療後、私はDさんに言った。

「Dさんは、小さい頃からずーっと……頑張り屋さんなんですね」

すると、針で刺しても血の一滴すら出ないようだった彼女の目から、ポロポロと涙がこぼれ落ちた。そしてその涙は止まることを知らなかった。

彼女は今まで誰からも「頑張っているね、大変だったね」といった心からの慰めの言葉をかけられることなく生きてきたのだ。

Dさんは、必死に生きてきたこれまでの日々が、ただ悔しくて、悲しいと言った。

幸せの基準は他人の評価ではなくあなたの感情にある

Dさんの行き過ぎた頑張りと自分へのムチの裏には、「愛されたい」と願う幼い少女が隠れていた。

親の温かい手を欲していた彼女に対し、両親は成績がよいときにしか愛を与えなかった。その結果Dさんは、「愛してもらうためには成功することが条件だ」と結び付けてしまったのだ。

しかし、成功に執着しすぎると弊害をもたらす。Dさんは誰よりも懸命に働いたが、成功に飢えていつも不安で、何より不幸だった。

Dさんの分析を細かく続けるうちに、彼女自身も自らの幼少期を振り返るようになった。幼いDさんの苦しみを理解し、同情を向けたことで、これまで頑張ってきた自分を誇りに思えるようにもなった。

そして彼女はようやく自分に優しくなれた。**すべてを必ず成功させる必要もなく、「幸せの基準は他人の評価ではなく自分の感情にある」と信じられるようになったのだ。**

外からではなく、内からの目標設定――。

自分で自分を追い詰めて燃やし尽くしてしまうほどの完璧主義者に必要なのは、こうした発想の転換である。

燃え尽き症候群の概念を提唱したアメリカの精神科医、ハーバート・フロイデンバーガーも発想の転換について強調している。

彼は、「**外部から与えられたものではなく、自分の意志で選んだ目的に挑戦した場合なら、結果がどうであれその経験自体が本人の糧となる**」と言っている。

これには私も人生の節々で共感した。身近にいる成功した人たちを見ても、彼らが実に多くの失敗を重ねてきたことに驚嘆したものだ。彼らがその経験を糧に前進できたのも、その失敗が本人にとって意味のあることだったからだ。

はたから見ると失敗かもしれないが、その人にとっては「一つの仮説を検証した貴重な経験」だったというわけだ。

このように、どんなことでも自分の視点からその意味を見出せるとき、人は簡単には折れたりしない。成功であれ失敗であれ、その経験自体がその人を強くしてくれるのだ。

慢性疲労に悩まされるなら学習性無力感を疑ってみる

あなたの身近にもこんな人がいないだろうか？　**何かにつけて「疲れた」と口にする人。**普通に日常生活を送っているだけなのに体が鉛のように重だるくなり、常に頭痛がし、全身に殴られたような鈍痛がある。いくら寝ても強烈な疲労が残り、いつでも無気力——。まさに慢性疲労の症状を訴える人たちである。

燃え尽き症候群のように自分を追い込んだわけでもないのに、なぜ彼らはいつも極端に疲れているのだろうか？

こうした人たちの心理的特徴は、自信の欠如と無力感と想定される。

基本的に人間は、たいていのことは自分の力で乗り越えられるという自信を持っている。小さなストレスに打ち勝ってきた経験から積み上げてきた自信だ。

ところが、幼いうちに、極度のストレスにさらされたり能力以上の高すぎる目標による困難に直面したりした経験があると、人は、小さな課題を前にしただけでも「自分の力ではどうにもならない」という無力感を学習する。「学習性無力感」だ。

自力では何も解決できないと思い込んでいる人にとって、この世は恐怖でしかない。

外から受ける刺激はすべて恐ろしく思え、失敗するかもしれないとヒヤヒヤしている。些細なことも解決できずいつまでも悩むため、優柔不断と言われる。

そんな状態だから、周りからは「なぜ何の努力もしていないのに疲れるの？」と不思議がられるが、彼らはいつでも心配と恐れでいっぱいで気が休まらないのだ。

疲労や倦怠感《けんたい》が抜けず慢性疲労を疑う人たちは、心配と恐れを一つ一つ分析して自分の疲労の原因を考えてみるべきだ。

よく言われることだが、**心配事の大部分は現実に起きてもいないこと、つまり悩むだけ無駄なことだ。**

しかし、こうした漠然とした心配と恐怖が、むしろ問題を余計にこじらせたりもする。

したがって慢性疲労を訴える人たちに必要なことは、その漠然とした心配を細かく刻んでいき、今すぐ実行できる計画に変えることだ。

「ベストを尽くしたのだから未練はない」という気持ちで受け流して

目の前の課題がクリアになれば、うんと行動しやすくなる。いかなる難題であっても、簡単な部分が一つくらいはあるもので、まずそこから着手すればよい。

私も同じだ。たとえば本を一冊書かなければならないと思うと気が重くなるが、そんなときは、一番興味のあるテーマから書こうと決める。それでも筆が進まない日は1ページだけでも書こうと決める。さらにそれも無理だと思った日は、小見出しと大すじだけでも書こうと自分を奮い立たせる。

こんなふうにタスクを細分化していけば、その日にできることがあるものだ。そうやって一つやり終えただけでも気持ちが楽になり、ほんの少しでも自信が湧いてくる。こんな経験が積み重なっていけば、やがて難しいテーマにも挑めるようになる。

無気力に打ち勝つ自信も同じ。現実的な目標を設定して、一つずつクリアしていけば、心配しすぎるクセも少しずつ解消されていくものだ。

しかしその一方で、**「できれば上等、できなくても結構」という度胸のほうも鍛えておきたい。**

すべて計画通りに進めば万々歳だが、人生というのはまさかの連続だ。この「まさか」を念頭において生きている人がどれくらいいるだろうか。

だから、努力してもダメだと自分を責めたり自暴自棄になるのではなく、「仕方がない、ベストを尽くしたのだから未練はない」という気持ちで受け流してみて。

こうして**仕事と自分の間にきちんと区切りをつけることで、心と体にもゆとりが生まれ、休むことでエネルギーも湧いてくる。**

昔から伝わる言葉に、「世界一の愚か者とは、来年蒔くための種まで一粒残らず食べてしまう農民である」というのがある。まったくその通りだ。

頑張り過ぎて燃え尽きて倒れてしまうことほど、むなしく愚かなことはない。

今、世の中もワークライフバランスを叫んでいる。

それに倣って、自分を追い込んでしまう心のクセも一緒に直してみてはいかがだろう。

28／怒り――あわてずにゆっくりと深呼吸するだけで十分

動物の世界で、弱者が強者に反撃の一打を食らわす場面を見たことがある？　追い詰められた小さなネズミがネコに噛みつくとか、ライオンに追われたシマウマが後ろ足で強烈なキックをお見舞いするといったシーンだ。

「窮鼠猫を嚙む」というように、**どんなに弱い存在でも侮ってはならない**。窮地に追い込まれれば、相手が何であれ自分を守るために全力で抵抗する。

人間だって同じだ。他人からの攻撃を受けると、腹の中で強烈なエネルギーが渦巻いてマグマのように噴出する。簡単に手が付けられない感情、「怒り」だ。

怒りは生きるためには不可欠の力だ。

ただ通常はマイナスの感情としてとらえられているため、怒りが湧いたとしても人は何とかこらえようとする。きっと、怒りを正しくない方向に表出させて気まずい思いをした経験があるからだろう。
それでも、怒りという感情は生きている以上避けることはできない。となれば、怒りを上手にコントロールする方法に注目する必要がある。

過剰に尽くす人や褒めちぎる人も怒りを溜め込んでいる

「怒り」という言葉からは、たいてい二つの反応を思い浮かべる。思いきり声を荒らげるか、ぐっとこらえるか。

しかし、実のところ、こうした形で怒りを表現することは案外少ないもの。**怒りはさまざまな顔をしてその姿を現しているから**だ。

最も多いのが八つ当たりである。自分を怒らせた相手が自分よりも強い相手、格上の相手だった場合、怒りを直接ぶつけることははばかられる。

こらえた怒りは自分より弱い相手にぶつけられるのだが、その相手は部下や配偶者、タクシー運転手、コールセンターのスタッフなどさまざまだ。社会問題化している「カスタマーハラスメント」もこのうちの一つだろう。

反対に、**怒りを覚えると突然冷淡になる人たちもいる。**顔から表情を消し、口をつぐみ、相手の言葉にも冷ややかに鼻で笑って応える。

相手が苦しんでいても「ほら、言わんこっちゃない」とばかりに遠くから視線を送るだけ。気に食わない上司からの指示にも、「言われたからやるけれど、どうせうまくいかないはず」といった態度でいる。

こういう人たちは、一見、冷静なタイプのように見えるが、その腹の底では熱い怒りが渦巻いている。

過剰に尽くすことで怒りを表現する人もいる。韓国の母親たちに多く見られる例だ。

酒におぼれて家庭を顧みない夫に対しても、毎食きちんと準備して食べさせ、自分が外に出てお金を稼ぎ、婚家の親たちの面倒も見る。こんな母親たちの戦略は、自分はあくまでも聖人君子でいて、尽くすことで相手の罪悪感を引き出すことだ。

「ふん、あんたたちはそんなザマだが、私はすべて耐えてきた。一生私に罪悪感を抱けばいい」と。**自分を痛めつけてまでもとことん我慢し、苦しくても他人の助けを借りようともしないのだ。**

また、見過ごされがちだが、はた目には礼儀正しい人たちが、実は怒りを溜め込んでいるケースが多い。

彼らは些細なことにも「すみません」を連発し、相手が恐縮するほど褒めちぎる。その行動の裏には、自分の腹の中の怒りを相手に悟られて関係をこじらせたくないという本心がある。

だから彼らは怒りをひそかに表現する。ひどい嫌味を曖昧な表現でこっそり流したり、相手から頼まれた仕事をわざと遅らせたり、失敗を口実にして仕事をパンクさせる。

これはもちろん本人も不利益を被る。そこまでするかと思うかもしれないだろうが、怒りとはどんな感情よりも強烈なものであり、十分にあり得ることだ。

怒りの原因は外ではなく自分の内面にある

怒りの強烈さについて、ストア哲学の大家セネカほどうまく表現した人はいないだろう。彼は『怒りについて』（岩波文庫）の中でこう綴っている。

「怒りは、相手を傷つけることさえできれば他の何も顧みない。その過程で自分自身をも堕落させる恐れがあったとしても、徹底的な復讐を強行する。つまり、怒りは一時的な狂気である。些細なことに激怒し、何が正しく、何が真実なのかさえ見えなくなる。**怒りに支配されるとき、人の心の中は武器のない戦場と何ら変わりない**」

怒りにとらわれた人の目に明日はない。今すぐ仕返ししたい、それで共倒れになったとしても構わないという気持ちがあるだけだ。

怒りが理性を失わせるほど強力に作用するのはなぜだろうか？

冒頭で動物の世界を例に出し、怒りは生存本能ともつながる感情だと述べた。

生きるか死ぬかの瀬戸際に善悪を論じる余地などない。危険にさらされると反射的に怒りがこみ上げ、攻撃的な行動につながる。

ところで、人の生存を脅かすのは何も肉体的な攻撃だけとは限らない。誰かに自分の愛する人や価値観をけなされる場面を想像してみると分かる。まるで自分が侮辱されたかのように腹が立ってくるはずだ。

このように、**大切にしていることを汚されたと感じただけでも、人はこれを脅威とみなして怒りがこみ上げる。**怒りが、自分を守るための最小限の保護機能だからだ。

それはそうと、私たちの日常において、生きるか死ぬかの「生命を脅かすほどの問題」というのは一体どれくらいあると思う？　まずほとんどが当てはまらないはずだ。

それでも些細なことにも命を取られんとばかりに食ってかかる人もいる。こうしたちょっとしたことにも大げさに反応するのは、その人の自己誇大感のせいだ。**「自分は人から賞賛されるようなすごい人間でなければならない」と思うほど「理想自己」**（個人がそうありたいと望む自分のイメージ）**が風船のようにふくらんでいく。**そして、風船が針に触れただけで破裂するように、ちょっとしたことでも理想自己が崩壊することを恐れて、びくびくしているのだ。これが、些細なことに憤慨する人たちの心理だ。

こうしたことから、**しょっちゅう腹を立てているような人は、外的な要因よりもその内面を見つめるべきだ。**

怒ってばかりいる原因は、多くの場合、本人のひ弱な自尊心によるところが大きい。

理性的な思考も怒りを感じた瞬間に無意味なものと化すため、そうなる前に怒りの感情にブレーキをかける方法を学んでおこう。

怒りを「むずかる赤ん坊」だと考えてみよう

怒りをコントロールする方法を、私は仏教に学んだ。

仏教では怒りが湧く過程を「二本の矢」に分けて説いている。たとえば、運転中に他の車のドライバーから暴言を吐かれたとする。当然不愉快な気持ちになるが、このときの怒りが「第一の矢」だ。生きている限り、いつ刺さるとも限らない不可避の矢である。

その後、暴言を吐いた相手に対し怒りや憎しみの感情が湧いたり、それによって罪悪感を抱いたりしたら、「第二の矢」を受けたことになる。この矢は、認められたい、愛されたいという気持ちから自分で自分に向けて放った矢である。そしてこの矢は避けることができる。

その方法とは、第一の矢を打たれたときに反射的に第二の矢を放つのではなく、ただ、出来事そのものを見つめるのだ。

どうすればそんなことができるのかって？　**怒りを「むずかる赤ん坊」だと考えてみるといい。**

ベトナムの禅僧ティク・ナット・ハンがこう説いている。

「子どもが泣くのは何かが不快で苦しいからであり、だからこそ母親の腕に抱かれたがる。ところで、人は皆、〝怒り〟という赤ん坊の母親である。この世で呼吸を始めた瞬間から、私たちにはその赤ん坊を抱きしめて育てる母親のエネルギーが生じている。**ただ、怒りを抱いたまま、意識的に息を吸って、吐きなさい。赤**

ん坊はそれだけで安らぎを得られるものだ」

彼の言葉どおり、**不思議なことに深呼吸をするだけでも怒りはかなり和らいでくる。**もしあなたが怒りを感じても、ここまでできれば半分以上は成功だ。

怒りの炎が弱まれば理性的な思考が可能になる。賢く状況をおさめるための戦略が立てられる状態になったら、この怒りが、噴出させて解決できる問題なのか否かを、落ち着いてじっくり考えてみてごらん。

もし解決できるのなら、怒りをどう伝えるべきか考える。怒りを伝えようと決めた場合は、その問題だけに焦点を当てるように。「あなたのこういう行動が私をこのような感情にさせた」と話すのがいいだろう。

その際に、**相手の人格や過去の出来事まで持ち出すのは絶対にタブー。**それでは火に油を注ぐだけ、不毛な争いに発展しかねない。

また、冷静に怒りを伝えても、怒りの意図を汲み取ってもらえないとか、無視しようとする相手もいるだろう。

そうした相手にはもう少しきっぱりと「あなたのそうした言動は人を傷つけるものだ」と伝えるのがいい。**効果的なのは、相手をけなしたり、恨みを込めたり**

せず、淡々と言うこと。誰しも、自分を尊重してくれる人の前では好き勝手に振る舞えないものだ。

どんな感情も、知るほどにコントロールできる。

怒りも同じだ。カッとなって反射的に出た怒りは自分も相手も壊してしまうが、きちんとコントロールして表現した怒りはお互いだけにとどまらず、世の中までも改善させることができるものでもある。

怒りの感情も使い方次第。どう使うべきなのか一度考えてみて。

29／独立——親元を離れ、大人として生きていくあなたへ

私のデスクの一角にはいつでもあなたの写真がある。

1歳を過ぎたばかりの頃の写真で、何がそんなに悲しいのか、あなたは思いっきり口を開けて大泣きしている。いとこのお姉ちゃんがあやしても一向に泣き止まないその姿が無性に愛らしくて、思わずシャッターを切ったっけ。この時、私は28歳の若いママだった。

先日あなたと電話していたときに、ふとその写真が目に留まった。楽しそうにおしゃべりに興じるあなたの声を聞きながら、私は急に悟ったのだ。**あなたが親元から巣立ち、自分の世界をしっかり築いているということを。**

この写真を撮った日の私と変わらないほど成長したあなたは、今や遠い異国の地に渡って勉強し、会社に入り、結婚までしている。しっかりした足取りで一歩

一歩遠ざかっていくあなたの姿が、実に頼もしくもあり、心のどこかでは寂しくもあった。

こんなに小さくてかわいかった子が私の手を離れていくんだな。

私はあなたにとって、いい母親だっただろうか？

母親と娘、この複雑で微妙な愛憎関係について

国民的作家のピ・チョンドクが、随筆集『因縁』（アルク）の中で、自身の母親について次のように懐かしんでいる。

「私が母の息子であったことは生まれながらの誉れであった。私に良いところがあるならば、それは母から譲り受けたものだ。私が多くの欠点を抱えているのは早くに母を亡くし、彼女の愛の中で育たなかったせいである。そしてただ一つ、私の心からの願いは、もう一度母の息子として生まれてくることだ」

誰の胸の中にも母親の居場所がある。世間が冷たくても、誰かに傷つけられて

も、すべてを手放して安らかに休める心の拠り所。どんなに歳を重ねても心の中に母親がいることで、つらいときにも元気になれる。このように多くの人にとって母親とは、何者にも代えがたい特別な存在である。

数年前に亡くなった母に対する私の気持ちも同じだ。

今でも忘れられない場面がある。母がまだ元気だった頃、久しぶりに一家そろって高級レストランで食事をとった。食事を終えて席を立つとき、母が従業員にビニール袋をもらえないかと要求した。食べ残しがもったいないから詰めて持ち帰りたいとのことだった。

確かに母は6人の子どもを育てるのに節約に節約を重ねてきた人。しかし今やその子どもたちも成長して、経済的に困窮もしていなければ、家にだって食べるものはたくさんある。それなのに残り物をビニール袋に詰めて子どもに持たせようとするなんて！　私はとても恥ずかしくてイライラした。帰り道もずっと嫌な気分だった。それでも母はそんな私の手にも、ビニール袋を一つ手渡してくれたのだった。

人からどう見られようが子どもたちのことを優先した母。そのおかげでこちらは腹を立てたり、申し訳ない気持ちになったものだ。

あの日のことを思い出すと、私は今でも胸の奥が痛くなる――。

とはいえ、**すべての人が母親に対して温かい思い出があるわけではない。一番近い関係であるがゆえにえぐるように傷つけることもでき、愛情が深い分だけ憎しみも多い、母と娘。**ドラマで母娘の葛藤が頻繁に描かれるのも、お互いへの恨みや愛しさが女性の共通認識としてあるからだろう。

以前、母娘関係の資料調査のために、ウェブサイトを通じて若い女性たちを対象にアンケートを取ったことがある。

「Q．私にとって母とは○○である。母という存在をひとことで表すなら？」

こんな設問に寄せられた回答は、肯定的なものと否定的なものが半々だった。

「母は私の傘」「私を包み込んでくれる人」「私を愛してくれる永遠の友達」……こうした肯定的な回答があった一方で、「精神的・肉体的に痛めつける人間」「プレッシャーをかけ、いつでも成果を求める人」「私の心を苦しめる人」といった否定的な回答もあった。

母と娘という、複雑で微妙な愛憎関係を如実に表しているようだった。

娘が母親から独立するのが難しい理由

小さい子どもにとって母親は世界のすべてだ。あたたかい母親の子宮を離れて冷たい世の中に放り出された無力な子どもは、極度の不安と恐れを感じる。

そんな子どもの感情を都度察して、母親が抱きしめたり、食事やおむつの世話をしてやると、子どもは世の中をあたたかくて住みやすい場所だと考えるようになる。

こうして**母親が作り出す安全な空間ときずなの中で、子どもは世界を探検しながら少しずつ成長していく。**

この母子関係が「母親と娘の関係」になると、母親はより特別な存在となる。なぜなら、母親は、娘が少女から一人前の女性として成長するすべての時期において一番身近なお手本となるからだ。

どんな友人と付き合うのか、どんな人を愛するのか、結婚したらどんな妻となり、どんな母親となるのか。こうしたことに**否が応でも母親から影響を受けるため、娘にとって母親は最も近い存在である反面、最も遠ざけたい存在となる。**

子どもが思春期になると、親は、子どもを保護する垣根の役割から、子どもが飛び越えていかねばならない壁へと役割を変える。子どもはその壁を越えて初めてひとりの大人になれるのだ。

母親の立場からすると、この壁の役割が大変なのだ。この時期、娘にあれこれ構ってやりたくて仕方がないのに、娘からしてみると母親の言うことはすべて口うるさいだけ。「親の気持ちも分かってほしい」といった母親の悲痛な叫びも娘にとっては負担でしかない。

しかしこのとき、**「独り立ちしたい」「成長したい」という娘の意思を母親が十分に理解して尊重してやることができれば、娘も母親をひとりの人間として理解することができる。**

遠ざかっていた娘と母親は、この過程を経て新たな方法で近づくことになる。

ところで、娘が母親からの親離れが難しいように、母親も娘からの子離れは難しいのだ。

特に、情緒的にも娘とベッタリだった母親ほど、娘の独立は心理的に大きな挑戦で、この試練に耐えるには、母親がひとりの大人として自立できていることが鍵となる。

自立できていない母親は、娘のことを、「自分とは別人格を持つ独立した存在」ではなく、「自分の分身」と見なしてしまうためだ。こうしたことが、過保護や過干渉を引き起こす。

過干渉が過ぎると、母親はナルシシズムの延長線から、自分が叶えられなかった夢を娘に押し付けたり、失敗した人生の責任をなすりつけるなどのゆがんだ愛情を見せる。また、時には無意識に娘の罪悪感を利用したりもする。

幼い娘はこうした状況から抜け出したくとも、母親の要求のすべてが自分のせいだと思い込み、気持ちを逆撫でしないようにと物分かりのいい娘を演じて愛されようと努力し続ける。

過干渉の母親に育てられた娘たちは、自分自身を褒めることができなくなる。彼女たちにとっての人生は、常に誰かの期待を満たさなければならない宿題のようなもの。母親をはじめ他人からどう見られるかに焦点を合わせ、彼らに褒められて初めて自分の存在価値があるという考え方になるのだ。

もし母親との関係で宿題を抱えたままであれば、一度じっくり考えてみることをお勧めする。

自分のために犠牲を払ってくれた母親はありがたいが、そうした母親の欲望がプレッシャーで抜け出したいのなら、また、そんなことを考える自分に罪悪感を覚えるようなら、母親との関係を構築し直すタイミングかもしれない。

悩める娘たちよ、レーテー川を越えて、向こう岸へ渡るのだ。

レーテー川とは、ギリシャ神話に登場する忘却の川である。死者が黄泉の国へ渡る際にレーテー川の水を一口ずつ飲むことで、過去の記憶をすべて消し去って新しい人生を受け入れる準備をする所だ。

成長して大人になった娘にとって、愛憎の対象である「内なる母親」は消去すべき過去。

自分を抑圧する母親の影はすべて消し去り、未練さえも捨てて旅立つべきだ。

母と娘、互いのために必ずすべきこと

数年前、二十歳の女子大学生Rさんが、母親との問題で診療室を訪ねてきた。「母には絶対に幸せになってほしいんです」。なぜかと尋ねると、「そうすれば、私が母から自由になることができるから」と言う。

近ごろ母親との口論が絶えず、そのたびに母親が泣いて訴えるので自分でもなすすべもなく悩んでいるということだった。

父親にも長いこと見放されてきた母親が哀れでもあり、彼女の意志に逆らうことができずにここまできたが、この先どうしたらいいのかと。

「先生、こんなことを考える私はひどい娘でしょうか」と尋ねる彼女に、「**あなたはひどい娘などではなく、大人になって親離れするのはごく普通のことだ**」と伝えた。

長く患者と向き合ってきた中で、不幸が3代にわたって連鎖するケースを無数に見てきた。

誰もが成長の過程で少なからず親の影響を受けている。そうした影響から人格を形成し、またその子が自分の子どもに影響を与えながら生きていく。

つまり、**子どもを傷つける母親もまた、その親から傷つけられてきた過去を持っている。**母親が解決できなかった葛藤や怒りが、その子どもに脈々と受け継がれているだけなのだ。

だから私はRさんに言った。「幼い頃のあなたは無力で、お母さんの言いなりでいるしかなかっただろう。だとしても、それはもう過去のこと。**大人になったあなたには、十分にお母さんを飛び越える力がある。**誤った関係性を正し、新しい関係を築きなさい。相手を振り回したり、振り回されたりする関係ではなく、お互いへの思いやりと愛の関係を築くことです。もしあなたが今ここでこの連鎖を断ち切らなければ、今度はあなたの子どもたちが同様に苦しむことになるかもしれない」と。

そのためにRさんはまず、「母親もまた多くの傷や欠陥を持つ弱い人間だ」という事実から受け入れなければならない。

母親を、心の痛みと限界を持つひとりの人間として理解するとき、子は過去と

和解することができる。

そしてようやく、母親にも悪い面だけでなく良い面もたくさんあることを認め、母親から影響を受けた自分の姿も理解し、受け入れることができるのである。

娘よ、私はあなたにとってよい母親だっただろうか？

知らず知らずのうちにたくさんの傷を負わせてきた母親でないことを祈る。

私はもう母親を卒業したが、あなたはこれからだ。子育ての過程では、自分でも気付かなかった心の傷を見ることになるかもしれない。傷を負った内なる子どもが、どうにかして傷を癒そうとしてむずかるものだから。

だけど、たとえその子どもが泣いたとしても目をそらさないで。その傷は、ともするとあなたの母から、さらに言えば、あなたのお婆ちゃんから来ているものかもしれない。

もしその傷に直面したとき、あなたがあまり苦しまないでいられたらいいのだけれど。

そして、その連鎖を上手に断ち切ってほしい。

あなたも、あなたの子どもも幸せになれるように。

5章

あせらず、じっくり、熱く生きる

——人生について

30／もう親のせいにしながら生きるのはやめて

いつだったかあなたにこんなことを尋ねられたね。

「どうしてママは世界でたったひとりの娘を、わざわざ強い娘に育てたの？」って。

そうね。あなたにとって私は、いつでもあたたかい母親というわけではなかったかもしれない。異国の地で勉強に疲れたあなたが電話口で愚痴でもこぼそうものなら、「余計な心配して時間を無駄にするくらいなら、とっとと帰国しなさいよ」と毒舌を吐くような母親だったから。

お友達がアメリカに遊びに来たときも、家族カードで気前よく買い物をする友達に触発されたあなたが「私もトレンチコートを買ってもいいか」と電話してきたって、「学校と家の往復だけで忙しい学生がトレンチコートですって？」と一蹴したこともあったっけ。
ちょっとしたものも買ってくれない母親のせいで、「何度も大粒の涙を流した」と恨み節を聞いたものだ。

あの時の問いに今答えるなら、**あなたが私の娘である以前に、自分の人生を生きる主体だからだ。**

私が子どもの頃は一人っ子なんて珍しかった。ほとんどの子どもがきょうだいに囲まれて育ち、私もまた6人きょうだいの中で育った。当然親の手は全員に回らず、子どもたちは自分のことは自分でせざるを得なかった。もちろん親の愛情を独り占めするなんて夢物語だった。

しかし今考えてみれば、そうした環境が子どもの自立心を育てる上で役に立っていたと思う。だからこそ、**うちの一人娘が無条件の愛とサポートに慣れ過ぎて打たれ弱くなったり、自己中心的になったりしないようにと厳しく躾《しつ》けたのだ。**

適切な挫折は精神力を強化し、自立した自我へと成長させてくれる必要不可欠なものだから。

育てる側の私だって、どこまでが許容範囲なのか、うっかり過保護のワナにハマりはしないかと、どの瞬間も必死だった。親という役割の難しさに毎回新たな発見があったものだ。

果たして私はあなたを上手に育て上げたと言えるだろうか？

ひょっとしたら、あなたが私を育ててきたのかもしれない。何の準備もなく親になり、あなたを育てながら本当にたくさんのことを経験してきた私を。

そうした多くの失敗と試行錯誤を経て、ようやく分かったことがある。

大人であるはずの私が、いかに未熟な人間であるかということだ。

親という怪物を打ち負かしたくてもできないという無力感

いくつになってもどこか不慣れで、時に失敗し、時に卑怯なことを考えもする不完全な人間――、この世の親たちのリアルな姿だ。

しかし子どもは当然そうは考えてくれない。大人のことを「自分が求めるすべてを与えてくれる完全無欠の存在」としてとらえている。特に子どもが小さいうちはなおさらだ。**子どもにとって親とは、いつでも大きく見える、完璧で強い存在でしかない。**

Jさん親子も同じだった。今年28歳になるJさんはスラリとした美形の青年だったが、ある時を境に一家の期待の星から問題児に成り下がり、うつ病かもしれないと親に連れられて診療室にやってきた。

親の選んだ病院だからだろうか、彼は終始口を閉ざしたままで診療も難航した。

そんなある日、突如、彼が口を開いた。

「……僕は大学も大学院も、挙句の果てにはシャンプーやジーンズまで親が選んだものに従ってきたんです。そうすれば小言を言われずに済んだから。それがなぜ今頃になってお荷物扱いされるのか……、僕が今の学校になじめていないせいかと思うのですが……正直、苛立ちしかありません。僕の前でふんぞり返っている父も、同期たちも、もう全部嫌なんです」

Jさんを最も追い詰め苦しめていたのは、親という怪物を打ち負かしたくてもできないという無力感だった。

確かに彼の父親は、権威的で傲慢《ごう》なところがあった。父親としては、底辺からのたたき上げで会計士として社会的成功を収めた自負もあり、消極的な息子に発破をかけようと事あるごとにＪさんをきつく叱咤してきたようなのだが、Ｊさんはそんな父のことがずっと恐ろしかったと言う。

「父は出来の悪い僕が許せないのです。貧しい家庭に生まれて奨学金で学問を修め、自力で成功をつかんできた父は、できない人のことが理解できないのだと思います」


一般的に、子どもたちは、近所のガキ大将に逆らえないと分かると「怒り」の代わりに「服従」という形で順応するすべを学ぶ。拳で勝てないなら屈辱的でもその下に付くという戦略を取るのだ。

同じように、**強圧的な親の下で育った子どもは、親に対して意見したり妥協案を探るわけでもなく、「闘争の先延ばし」という方法で順応する傾向が見られる。**

実存主義の哲学者ジャン＝ポール・サルトルが、「**父親が息子にしてやれる最大のプレゼントは、さっさと死ぬことだ**」と言っていたこともうなずける。

親のせいにしている人の行動の裏側にある本心

「両親の期待に応えて認められたい」と強く願っていた分だけ、Jさんの挫折感は一段と大きかった。

一方でその裏側には、父親に侮辱され続けてきた記憶と怒りが渦巻いていた。そしていつか自分を苦しめた父親の口から、息子への謝罪とねぎらいの言葉を引き出そうと考えるようになっていた。

しかし前述したとおり、親というのもまた不完全な人間だ。**親にもまた、自分の親に埋めてもらえなかった愛情への欠乏がある。**自分が受けた傷を、今度は愛情という名で子どもに押し付けるのだ。

Jさんが真っ先にすべきことは、彼の両親もまた完璧でも何でもないひとりの人間であると認めることだった。親のせいだと恨み続けたところで、自身の心の傷が深まるだけなのだから。

父親の影が大きく感じられるのは、彼がまだ自分の道を探し出せていないからだ。

Jさんの年齢なら、自分の意志で人生をデザインしながら生きていけるはず。不幸をいつまでも親のせいにしているのは、自分の生き方の責任を取りたくなくて、ただ逃げているだけなのかもしれない。

彼にとって必要なのは、なじめないという学校を辞めるかどうかではなく、「本当に自分が行きたい学校なのか?」「自分らしく人生を生きるとはどういうことか?」ということへの答えを自分自身で探すことのほうだ。

私はJさんに、「**もはやあなたは十分大人であり、親のせいにすることはできない。もっと自分を見つめて自らの意志を持つべきだ**」ということを直視させた。

彼の悩みである無能感は、自分への自信のなさから来ている。

Jさんが本当に乗り越えるべきなのは、父親ではなくいつまでも未熟な自分自身だったのだ。

家族とは、構成する一人ひとりを成熟した人間として成長させる土壌だ。子どもは家族の愛をエネルギーにして育ち、やがて親元を離れて自分の道を歩む。

しかし、たとえ成人したとしても、「社会の中で何事も自分で決定して、責任を持つ」という事実を受け入れることは容易ではない。

時にはトゲにひっかかって傷を負ったり、道を誤ることもある。しかし、どんなにつらくても、生きていれば新たな道がまた開くもの。

だからもし、不幸を親のせいにしている人がいるのなら、今日からやめてみてほしい。

失敗しても、「そんなこともあるさ」と、自分を信じて一歩一歩、歩いていけばいいだけなのだから。

31／人生最後の日の後悔を減らすには、自分について悩みぬくこと

少し前に聞いた笑い話をしてあげようか？

とある家に赤ちゃんが生まれて、ママがその子にこう言ったそうだ。

「何も望まないわ、ただ元気に育ってくれさえすれば」

すると、そばで聞いていた小3の息子が赤ちゃんに向かって何て言ったと思う？

「今のママの話はうそだよ。お前も少し大きくなれば分かる。**健康でも勉強ができなきゃいびられるし、掃除だのお使いだのとやることが多すぎる。だから信じちゃダメだよ**」ですって！

それを聞いて実にその通りだと爆笑したのだけれど、ひょっとしたら私もこのママのことを笑えないんじゃないかと、後になって考えてしまった。

確かに、世の子どもたちは、成長すればするほど「やるべき」とされることが

増えていく。

赤ちゃんのときはその子が存在しているという事実だけで感激して優しかった親たちが、やがて口うるさくなるのを見て、子どもはストレスを受ける。**自分では頑張っているつもりでも、親の掲げる理想が高すぎて努力することが億劫《おっくう》になる。**それでも親は真面目な顔をしてこう言うだけだ。

「全部あなたのためよ。私たちがどれだけあなたを愛しているか分かってるわよね？」と。

「親の期待を裏切れば見離される」と思い込んでいる子どもは、親の要求がエスカレートしても疑問に思わず、自分の望みよりも親の望みをクリアすることに必死になる。

やがて子どもは自分が本当に何を望んでいるのか見失ったまま大人になる。

診療室にもそうした人たちがたくさん訪れる。

親の言いなりで進路を決めてきて本当にこれでいいのかと悩む大学生、大企業に就職したものの心から納得できない女性、エリートコースを歩んできたはずがストレスで体を壊した中年男性など……。

彼らは皆、同じことを私に問いかける。

「先生、これが本当に自分の望んでいた人生なのか分かりません」

人間は自分ではなく他人が望むものを欲しがる

人は世間がよしとすることを追って多くの時間を浪費する。

イカ釣り船を例に説明してみようか？　イカ釣り船は夜の海に強い光を煌々と灯してイカをおびき寄せる。深海に棲むイカたちは、その光が自分を生かす光なのか殺す光なのかも分からずに引き寄せられて船の周りに集まる。そして待ち構えた漁師に引き揚げられるわけだが、人もこのイカと同じだ。

人も、輝いて見える「それ」が自分を生かすのか殺すのかも分からないまま、欲望の赴くままに対象に向かって突き進むときがある。

「それ」とは、他人が一目置くようなステータスや経済力の場合もあれば、はやりの服やガジェット、ブランド品などの物質である場合もある。

資本主義社会は欲望を人為的に作り出す社会だ。もともとなかった物欲を生じさせてまで製品を買わせようと誘導するため、人々は踊らされるように借金をしてまでブランド品を買い、壊れてもいないスマートフォンを最新モデルに変更したりする。

この資本主義が生み出す欲望を、アメリカの経済学者ジョン・ケネス・ガルブレイスは『ゆたかな社会』(岩波書店)でこう記している。

「人々に消費するように教え込む方法は、実に抜かりなく知的で高級なものであり、どんな宗教的、政治的、道徳的な活動もそれに匹敵しない」

消費社会が私たちに突きつける欲望はとても洗練されているため、誰もがそれを自分が望んでいたもののように錯覚する。

「欲望とは他人の欲望である」というジャック・ラカンの有名な言葉もこれをよく言い当てている。**人間の持つ欲望のほとんどは、常に他人の存在ありきでもたらされる**ものだからだ。

どうやら私たちは、自分が心から願う欲求よりも、「他人からの目線や評価」に敏感に反応し、それに合わせて生きてきたようだ。

つまり、「自分自身」よりも「他人から見られる自分」として生きる訓練をしてきたのだ。

小さいうちは母親から褒められたくて勉強し、10代の頃は友人たちからの人気が欲しくて必死になった。いい大学、いい職場に入りたいと思うのも、そうすれば鼻が高いからという気持ちがどこかにあるのは否めない。

実際、他人から認めてもらえることほど心地いい幸せはない。褒められると一層その仕事をうまくやろうともする。周囲からの評価や賞賛は、モチベーションを高め、人間の行動を促すものだ。

問題は、自分が本当は何が好きで何が得意なのかをおろそかにしたまま、親や社会が望む姿や気持ちのいい言葉に合わせて「自分」が作られてきた場合である。

本当の自分の姿を探そうともせずに——。

他人軸を基準に生きて人生を無駄にしてはいけない

このテーマに関して、モーパッサンの小説『首飾り』が示唆に富んでいる。

主人公のマチルドは、器量よしだが生まれながらに貧しい境遇で育ち、下級役人と結婚してからも、相変わらずの質素な暮らしを日々憂えていた。

そんなある日、夫がマチルドのためにと大臣夫妻主催の夜会の招待状を苦心して手に入れてくる。喜びもつかの間、マチルドは自分にはきらびやかな夜会にふさわしいドレスもアクセサリーもないと憤る。

結局、夫が貯金を取り崩したお金でドレスを買い、ネックレスは、ただひとりの裕福な友人ジャンヌに借りることにした。

豪華なダイヤモンドのネックレスを着けた美しいマチルドは、夜会の人々の視線を一身に集めて心地よい時間を過ごすが、その帰り道にネックレスを落としていることに気付いて青ざめる。ジャンヌに真相を打ち明けることができないマチルドは、結局、多額の借金をして似た物を買い求め、何も言わず返却する。

それから10年間、マチルド夫妻は借金返済のため身を粉にして働いた。貧しく悲惨な歳月は彼女の美貌をも奪っていった。

ある日曜日の午後、マチルドはシャンゼリゼ通りで偶然にジャンヌと出くわす。マチルドはネックレスの顛末《てんまつ》を打ち明け、借金をようやく完済したことを誇らしげに告げるが、ジャンヌの反応はあまりにも衝撃的なものだった。

「何ですって⁉　哀れなマチルド！　あのネックレスは模造品よ、せいぜい400フラン程度のものだわ」——。

もし私がマチルドだったらその場でひざから崩れ落ちただろう。

マチルドの10年を誰が償えるだろうか。**模造品のダイヤモンドを本物と勘違いして10年を棒に振ったマチルドに、自分の本当の姿を知らずに他人軸を基準に生きる人々の姿が重なった。**

もちろん、世間で良しとされる基準に合わせて生きることは悪いことではない。しかし、それでもし後悔する結末を迎えたらどうだろうか？

その歳月は誰も償えない。マチルド夫妻が貧しさに耐えながら費やした10年間を誰も取り戻せないように。

以前、ロックミュージシャンのチャン・ギハさんがテレビ番組で語った言葉も印象的だ。

「才能のない人はいませんよ。**ただ、自分の才能で生きていくのか、他人の才能で生きていくのかだけの違いです**」

よく知られているとおり、彼は韓国トップの大学であるソウル大学入学と同時にインディーズバンドの活動にのめり込んだ。ソウル大学出身なら高年俸の安定した職にも就けたはずだが、そうした未来をなげうってでも彼が音楽に懸けた理由は何だったのだろうか。

それは彼が、自分の才能と他人の才能を区別することができたからだ。「他人の才能に依存する生き方では長持ちもせず、何より自分が幸せではない」と若くして判断したからだろうと想像する。

人生最後の日の後悔を少しでも減らしたいならば、本当の自分はどんな姿で何を求めているのか追求してみるべきだ。

もし、他人の欲望を自分に投影することに慣れてしまっているなら、その理由も考えてみるべき。

こんな話をすると、中には「もし自分の思うままに生きて失敗したらどうするんですか？」と言う人もいる。

しかし、自分の願う方向に進むことは、取り残されるといった競争の次元ではない。むしろその過程で自分が何者なのかを知ることができる手段であり、願いが明確であればあるほど、人生に対する満足度は高まっていくのだ。

たとえば、誰よりも自分自身に忠実であったスティーブ・ジョブズ。彼が大学を卒業していく若者たちに次のような言葉を残したのも、そんな理由からだろう。

「**君たちの時間は限られている。だから自分以外の人の人生を生きることで時間を無駄にしてはならない。**他人の思考に振り回されるようなドグマのワナに絡めとられるな。他人の意見という雑音に自分の内なる声をかき消されないように。そして最も大事なことは、自分の心と直感に従う勇気を持つということだ」

昔のことわざに「目を閉じれば鼻が削がれる世の中だ」というのがある。生き馬の目を抜く厳しい世の中だという意味だが、今は目を閉じていなくても鼻を削がれそうな世の中だ。

こんな世の中だからこそ、自分の心、自分の考え、自分の声に関心を持ちなさ

い。つまり、何よりも「自分」についてよく悩むべきなのだ。

あなたも、「他人が思う期待」に合わせようとして、大事な人生を無駄にしないで。あなたが主張することで、その場では憎まれることになるかもしれない。だけどよく考えてみて。あなたの人生を生きるのは誰かということを。

あなたは、あなたの声に従うのみだ。

32／いくらSNSを眺めても寂しさを埋めることなんてできない

数カ月前に私たちが会った時のことを覚えているかな？　久しぶりに韓国に戻ったあなたと、市内のおいしい店でランチを食べて、ゆったりとした休日を過ごしたよね。

あの時、ランチの店で何を注文しようか迷った私たちは、それぞれスマートフォンを取りだして検索を始めた。いつものようにポータルサイトに店の名前を入力して検索していた私に対し、あなたは当然のようにインスタグラムを開いた。

「インスタグラムで分かるの？」と聞いたら、あなたは平然として答えた。

「うん。このタグで検索すれば何でも出てくるのよ。ショッピングもできるんだから」

目まぐるしい世の変化に、正直、母はもう付いていけない。

おまけに最近の人たちは、政治的なメッセージはX（旧ツイッター）に、グルメと旅行はインスタグラムに投稿するといった具合に、ひとりで複数のアカウントやSNSを使い分けているとか？

ひとりでいくつもの顔を使い分けるなんて、まるで「マルチペルソナ」だ。

マルチペルソナはユングによるペルソナ概念で、「人はその時々の状況に合わせていくつもの仮面を使い分ける」というものだ。昔なら、あちこちでいい顔をする人間は周りから後ろ指を指されたものだけど、最近は顔がいくつもあるのが当然だと受け入れられているのだね。

スマートフォンと、そこから派生した文化を自在に操っている若い人たちを見ると、確かに今までの人類とは違うかもしれないと思う。

お互いに「いいね！」を押し合ってもそんな関係には疲れてしまう

スマートフォンとSNSは人間関係の結び付きを大きく変えた。

自己開示を強要されないから、関係を結ぶことのハードルを下げ、好きな方法で人と出会い関係を維持できるようになったのだ。

フェイスブックが人気だった10年ほど前の調査だが、西江大学のコミュニケーション学科で韓国のフェイスブックユーザーを対象に調べたところ、フェイスブックの友達の平均は331人、うち、実際に付き合いのあるリアルな友達は24人だったという。

3百人以上も友達がいれば、メッセージや情報、写真が引っ切りなしに飛び込んでくるだろう。**まさに関係があふれかえる時代だ。**

確かにSNSなら関係を結ぶのも簡単。相手との関わり方に悩まされるリアルな付き合いとは違い、スタンプで手軽に感情を伝えられるし、適当なところで会話を終えてもかまわない。気が向かないときは自分の存在を隠すこともできる。

SNS上では、自分の気に入らない部分は隠し、納得している部分だけをピックアップした「なりたい自分」を作り上げて公開することは珍しくない。

イギリスの市場調査会社ワンポールが実施した調査によると、女性の25%が、「月に1~3回、SNSで自分の人生について誇張したりうそをついたりしている」と答えた。他人に「私は幸せ」と見栄を張るために、好み、知識、人脈などを〝盛る〟というわけだ。そして主におしゃれな旅先の写真やすてきなレストランに行った経験談を投稿する。当然、みすぼらしい日常生活など公開禁止だ。湖を優雅に泳いでいるように見える白鳥が水面下では必死に足をバタつかせているように、SNSも、見栄えの悪い水面下の日常は隠し、おしゃれでクールな姿だけを見せている。**お互いに一生懸命「いいね！」を押し合っても、本当の姿は見せられないという事実。人々が感じている寂しさは、そこから来ているのだろう。**

それもあって、最近は「SNS疲れ」で距離を置く人も増えている。とはいえ、自分の投稿に付く「いいね！」が少なくても寂しくなるという。

親密な関係を築くには時には傷つけ合う関係を結ぶこと

以前診ていた26歳のMさんにとって、ネット上の世界はなくてはならない第2

の家だった。

「SNSのコメントは私のためだけに書かれたものですよね？　コメントがたくさん付いた日はよく眠れるんです。新しく買った毛布に包まれたときみたいに」

たとえ成人しても、誰の心の中にも、まだまだ世話を焼いてもらいたいと願う子どもが住んでいる。成長とともに体が日々成人に近づいていく一方で、心の中では、温かなケアを待ち望む内なる子どもと、これからは自分が誰かのケアをする側になるのだという大人としての役割との間で、心理的葛藤が生じているのだ。

Mさんの心理的葛藤は、大学入学を機にさらに大きくなった。春が過ぎれば夏が来るように、Mさんは大学生になれば自然に恋愛をして友人もできるはずだと期待していた。

しかし実際の大学生活は、キャンパスにぽんと放り出されたような寂しい毎日だった。自分の居場所と呼べるような教室や決まった席やクラスメイトも存在せず、努力しなければ友人もできない。孤独な学生生活を送る中で、MさんはSNSに救いを求めた。

教室やサークルの先輩後輩に相互フォローを持ちかけ、「こんなにたくさんの人がそばにいるんだ」と確認しながら自分の存在価値を確かめ、彼らのコメントに泣いたり笑ったりして日々を過ごした。

それなのに、なぜ彼女は診療室を訪れて泣いたのだと思う？ **「いいね！」とコメントは、Mさんに一時的な安心感を与えたかもしれないが、根本的なむなしさを埋めてはくれなかったからだ。**

ネット上の関係はある意味フィクションだ。SNSに投稿したおしゃれな写真は、彼女が見てもらいたい自我の一部にすぎないのだから。

また、コメントが付けば付くほど「自分は注目されている」というスポットライト効果を感じるが、この人たちに直接会いたいという気持ちを薄れさせる。ネット上で輝くほど、実際に会って失望されることを恐れるためだ。

会って話をするのは気まずいが、つながっておくにはちょうどいい人ほどネット上で親切になる。コメントが増えるにつれ、Mさんは無意識にこのことを感じとっていたはずだ。

テクノロジーと人間の関係を研究する心理学者シェリー・タークルは、著書『つながっているのに孤独』（ダイヤモンド社）の中で、自己陶酔型の人がソーシャルメディアと出会うとどうなるか、次のように説明している。

まず、自己陶酔型の人は、「自分を愛しているというより、その脆さゆえ持続的な支えを必要とする」とし、だから「他人からの複雑な要求事項に耐えられず、**自分が必要としていることだけを選び取って関係を結ぼうとする**」と述べている。

友達Aからの反応がないなら友達Bにアクセスすればいいソーシャルメディアは、自己陶酔型の人たちにとって、まさに打ってつけだったわけだ。

また、内なる自我が不安定な人ほど周囲から認められようとするが、ネットの世界ではそれがずっとスピーディーで簡単に可能だ。

Mさんもまた、傷つきやすい内なる自我を持っていた。**誰かと親密な関係を結ぶということは、それだけ傷つけ合う関係でもあることを意味するが、彼女はその傷に打ち勝つ自信がなかった。**だから、直接的な友人関係よりも、ネット上で温かいコメントのやり取りをするほうを好んだ。

しかし、心地いい反応だけを選び取る**ネット上の空間は、人間関係になくてはならない耐性を鈍らせるという弊害がある。**

あなたをリアルな世界で支持してくれる人たちのことを思い浮かべてごらん。彼らとは、甘くていい思い出だけを共有してきたわけじゃないだろう。むしろ、苦しくつらい瞬間を乗り越えてきずなを深めてきたはずだ。

だから、**寂しさをSNSで埋めようとしてはいけない。**人間が自然から離れて生きていけないように、人間関係もお互いの感触がなければ深まることはない。**本当に親密な関係を築きたければ、ありのままの自分を見せ、時には短所もさらけ出さなければならないのだ。**

あなたがネット上で隠している姿があるように、他の人も同じ理由で寂しさを感じている。

今度、**スマートフォンを取り出してSNSを眺める前に、彼らに直接電話してみたらどうだろう？**「元気？」「最近どう？」って。

ひょっとすると私たちが一番聞きたいのは、生の声で語られるこんな挨拶《あいさつ》の言葉なのかもしれない。

33／どんなに忙しく、遠く離れても、友達を大切にして生きなさい

「お母様にお話があります、学校にいらしてください」

あなたが高校生の頃、学校から突然こんな電話がかかってきた。こんなふうに言われたら、どんな親だって恐れおののくに決まっている。子どもが何か問題でも起こしたのだろうかと。

悪い予感は的中した。あなたが放課後の課外授業をサボったのだという。先生が理由を問いただすと「母がそう言ったから」と。「だから友達を誘って漢江まで行ってボートに乗って遊んだのだ」と。

それを聞いて私は思わずのけぞった。

間違いない。確かに以前、天気のよい日に部屋に閉じこもっていた娘に、「外の空気を吸ってきたら？」と言ったことはあった。勉強して過ごすにはもったいな

いほどの好天ってあるものだから。担任教師には「申し訳ありません、今後このようなことがないようによく言って聞かせますから」と伝えたが、正直、そんな気はさらさらなかった。

一人きりでやったのなら心配もするが、友達と一緒だったなんて。**忘れられない思い出を作ったんだもの、それで十分じゃないか。**

一人っ子で、友達付き合いがまともにできるのかと心配すらしていたわが子なのに、そんな事件（？）を一緒にしでかすような友達までそばにいるという事実が、私は無性にうれしかった。

学生時代に出会う友人とは、その後の人生でも喜びと悲しみを共有してくれる何者にも代えがたい存在だからだ。

必要な「距離」は人によってそれぞれ異なる

あなたにとって友人とはどんな意味を持つ存在だろう。

友人は、秘密さえ正直に打ち明けられる貴重な存在である。特に女性はすぐこんなことを言う。

「何でも話し合える私たちの間に、隠し事なんてあるはずない。友達だもんね！」

女性同士の友情に欠かせないのが〝おしゃべり〟だ。女性は仲のいい友人になら、プライベートな日常の話から家庭の話、トレンドや世間話まで、言葉で表せるすべてのことを言語化して共有する。

こうした女性の脳を覗いてみると、言語中枢が男性よりも大きく、女性は会話を交わすことでオキシトシンとドーパミンが分泌され、薬物依存者が感じる快楽物質に匹敵するくらいの快楽を経験するといわれている。女性が絶えず会話を通じて親密さを増し、結束力を高めるのも納得だ。

確かに、**親しいと思っていた友人に隠し事をされているようなときは、急に距離を感じてさみしくなる。**

しかし、本当に、隠し事がなければ真の友人だろうか？　真の友人とは、どの程度の距離感が適切なのだろうか。

Cさんには入社同期のEさんという3年来の友人がいた。女同士、同い年で好

み も似ている2人は、話も合い、日常の些細なことから恋人や家族の話など、何でも話せる仲だった。

ところがあるとき、Eさんが「転職する」と言い出した。すでに決意を固めていて上司にも退職希望の旨を伝え、あとは退社日を待つだけだという。

寝耳に水だったCさんは唖然《あぜん》とした。なぜそんな重大なことを今ごろ言うの？　誰より先に私に相談してくれてもいいはずなのに？　裏切られたような気がして、悔しさでいっぱいだった。

「Eさんにとって、私は親友でも何でもなかったんだ」

しかし、友情であれ愛情であれ、人間関係において互いに感じる距離感は、非常にパーソナルで主観的なものである。

Cさんが Eさんのことを「親友」だと感じていたとしても、EさんにとってCさんは、気が合って話も弾み、好きな人ではあるがあくまで「会社の同期」であり、ある程度距離を置くのが正解だと考えていたのかもしれない。

「人間は相手との関係性によって物理的な距離の取り方を変えている」という、文化人類学者エドワード・T・ホールの研究がある。

見知らぬ人が自分に接近してくれば本能的に恐怖を感じて後ずさりするし、親しい友人が近づいてきたらこちらも近づいていくという具合だ。

ホールはこうした心理的距離を四つの領域に分けて説明している。

一番近いのが「**密接距離**」。これは本人から0〜45センチメートルの距離で、この中に入ることが許されるのは家族や配偶者、恋人などごく親しい人に限られる。

次に近いのは「**個体距離**」。45〜120センチメートルの範囲で、友人など親密ではあるが少し制限のある関係の人に許す距離だ。

三番目に近いのは「**社会距離**」と呼ばれ、120〜360センチメートル程度の範囲で許される。ビジネスなど、お互いを知らない者同士の関係では少なくとも120センチ以上は維持しようとするのがこの範囲だ。

最も遠いのが「**公衆距離**」で、360センチ以上の距離を取ることが求められる。演説やコンサートなどの場合、登壇者と聴衆の間は少なくともこのくらいの距離が必要となる。

関係性からの物理的距離が異なるのは事実だ。しかし、その距離はホールが提示したように明確に分かれているとは限らない。

誰にでもすぐに心を開いて打ち解ける人がいる一方で、打ち解けるまでには時間がかかっても、結んだ関係性をずっと大切にする人もいるという具合に、**人によって許す関係の距離感や深度、親しくなるまでの時間は千差万別だからだ。**

「意図せず相手を傷つけてしまう」というケースは、このようにおのおのが定めている関係性の距離が異なるために起こる。

たとえば、自分としては120センチ以上離れた範囲に位置付けている相手が突然親密な45センチの範囲内に入ってきたらどうだろう。居心地の悪さに思わず避けたくなるはずだ。

しかし相手はこちらを45センチの範囲の人間だと考えているため、こちらの行動に対して避けられたと気分を害することになる。

この例のように、**「心理的な距離は人によって異なる」ということを頭に入れておけば、人間関係における誤解が減る。**

自分から歩み寄ったのに相手が距離を縮めてこないときも、必ずしも相手に嫌われているとは限らない。その人なりのペースと距離に合った関係を築こうとしているだけの場合もある。

また逆に、相手が早急に接近してきたからといってむやみに避けたりせず、相手と会う時間や回数を調整しながら、自分なりのペースで関係性を築いていくこともできる。

こうやってお互いを尊重し合ってこそ、人間関係も無理なく続けていくことができるようになるのだ。

どんなに親しい間柄でもお互いが呼吸できる距離が必要

とはいえ、親友なら何ごとも共有すべきで、それこそが真の友情だと考えている人は一定数いる。まるで相手と自分が同体であるかのごとき感覚だ。

しかし**距離というのは、どんな関係性にもあって然るべきもの。**その距離をゼロにしようという期待自体が非現実的である。2人が一つになることを願う行為は、後ろ向きで防御的な葛藤の結果であるケースが多い。

どんなに親しい間柄であっても、おのおのが独立した心理的空間を確保されるべきであり、それができない関係は、見かけ上は頼もしそうでも、内面的には互いを傷つけ合う毒になりかねない。

先日、30代前半の女性相談者から聞いた友人との話が参考になるだろう。

彼女自身は、「親友だからといって、すべてを打ち明ける必要はないと思っている」と前置きしてこう付け加えた。

「親しい分だけ、お互いについての情報をたくさん持っている。だからこそ相手が触れてほしくない部分は尊重し、守ろうと努力しているんです。たとえば、友人が一番言われたくない言葉を知っているからこそ、どんなに腹が立っても私はそこには触れません。友人のことを信じて許すのです」

彼女たちが長く友人関係を維持してこられた秘訣は、まさに、互いの間にある一線を尊重していたことにある。

このように、**いかに親しい間柄であっても、お互いが呼吸をすることのできる適切な距離が必要で、それでこそ自分の世界を守りながら相手と付き合えるのだ。**

樹木医のウ・ジョンヨンさんは著書『私は木のように生きたい』（未邦訳）でこのように綴っている。

「束縛しているようでしない距離。このほどよい距離感を保つことは、気の置けない仲であるほど大切です。近づきすぎて相手を傷つけない程度の、なおかつ、互いの存在をいつでも感じられて見つめ合える程度の、そのくらいの距離を維持する知恵が求められます」

友人とは、絶望の闇の中でも明るい方へ導いてくれ、つらく苦しいときにもただ黙ってそばにいてくれる人。

何よりも、ひとりでは到底生きられない世の中で、自分のことを理解して好きでいてくれる、これ以上ないほどの頼もしい支えであり、力強い存在だ。

友人に対して「私は親友だと思っていたのに、あなたは違うの？」という疑念が湧くときは、友人を恨む前に「心理的な距離は人によって異なる」ということを思い出してほしい。

境界を破って接近しすぎてはいないか、それによって互いに傷つけ合ってはいないか、振り返ってみて。

それから、じっと待つのだ。友情がもたらす心地よい喜びは、待てばやがて訪れるものだから。

いらぬ誤解で友人を失うことほどもったいないことはない。

娘よ、人は30代に突入すると、日常に忙殺されて友達付き合いがどうしても希薄にならざるを得ないものなのだ。

おまけにアメリカにいるならなおさら、友達と連絡を取り合うのも気軽にとはいかないだろう。

でも、どんなに忙しく、遠く離れていたとしても、友達を大切にして生きなさい。

付き合いの長い友達がいることほど、心強いことはないのだから。

34/ お金に対する哲学を持たなければ、お金に泣かされる日がくる

シェイクスピアの『アテネのタイモン』にこんな一節がある。

「これだけあれば黒を白に、醜を美にすることもできる。老いを若きに、卑賤を高貴にも変えられるのだ。（中略）〝これ〟があれば、病で醜悪になった者をも愛らしく見せ、盗賊を高い地位へ押し上げることも可能なのだ――」

さて、娘よ、この台詞の中にある〝これ〟は何を指していると思う？

あらゆるネガティブなものを一瞬にして眩しく変えられるのだから、誰もが欲しがるものだろうね。

シェイクスピアはこれを「金貨」だとした。**人は金貨さえ手に入れられれば世のすべてが意のままになると思い込み、すすんで金貨の奴隷になる**と述べているのだ。

そう考えると、昔も今も、お金の威力というのは驚異的だ。

一人前になればお金が分かるのではなく
お金を稼いで生活してこそ一人前になれる

お金は、生活と生存の問題を解決してくれると同時に、望みをかなえる自由をもたらす。多いほど未来への不安が和らぎ、人間関係もよくなり自信が持てるものだとも考えられている。

それゆえ、**貧しき者も富める者もお金の悩みが尽きない**のだ。

「当座のお金に困っていなくともお金がないと不安がること」について、イギリスの心理学者ロジャー・ヘンダーソンが「マネー・シックネス症候群」と名付けているほど、お金は人の心に影響を与える。

資本主義社会に生きる以上、お金は経済的自立のための必須要素であり、一人前の大人になるためには、最初に自力で解決すべき部分だ。

心理的に自立できない大人がいるように、経済的に自立できない大人もいるものだ。

他人の経済力に依存することは、相手が親であれ配偶者であれ、その相手の影響力下に入らざるを得なくなる。本人が悪いのではなく、どうしようもない対価の帰結だ。


朝鮮時代の思想家、朴趾源《パク・ジウォン》が書いた小説『許生伝』にもそんなくだりがある。学者の許生は朝から晩まで書を読んで過ごし、家計は妻が針仕事をして支えていた。


ある日、いよいよ空腹に耐えられなくなった妻が夫に向かって声を荒らげる。

「科挙試験を受けるでもなく、商人や職人になって稼ぐことすらできないのなら、いっそ泥棒にでもおなりになったらどうですの!?」

結局、許生は家を出て、それまで蓄えてきた知識を元手に大金を稼ぎだすのだが、その間、ひとりで耐えてきた妻はどれだけ苦しかっただろう。**経済的に依存された側は重責を負わされたようなものだ。**夫に泥棒を勧めるなんてよっぽど追い詰められていたに違いない。

「철이없다《チョリオプタ》」〔「物心がついていない」「未熟だ」という意味〕という言葉がある。この言葉は

本来、収穫の時期を見極めきれず生計がままならないことを指していた。それが転じて「経済的な自立もできない人は物心もついていない人だ」、すなわち「一人前の大人に非ず」という意味になったわけだ。

一人前になれば経済観念が身に付くのではなく、お金を稼いで自分の生活を成り立たせてこそ一人前になれるのだ。

自分の生活費を稼いでみれば、お金のありがたさや労働の苦しみが身に染みて分かる。**自分の労働の対価として得たお金には、人からもらったお金にはないプライドや価値が込められているからだ。**

また、労働の対価としてお金を得るということは、自分が誰かに必要とされているということとも同義だと言える。修理工は機械を修理してお金を稼ぎ、教師は生徒を教え、私のような医師は患者を診てその対価としてお金を得る。

つまり、**「お金を稼ぐ」ということは、自分が社会の一員としての役割を果たしている証拠である。**こんなことからも私は、お金について理解できていない人は社会を知らない人だと考えている。

何より、お金は自由を与えてくれる。買いたいものを買い、食べたいものを食べ、行きたいところに自由に行ける。できる範囲内で、やりたいことを意のままにできる自由だ。

イギリスの作家、ヴァージニア・ウルフは、女性たちに向けて、自由を得るためのお金の必要性について強く主張している。

「旅行してのんびりしたり、世界の未来と過去を考えたり、本を読み空想にふけったり、ぶらぶら歩き回ったり、思考の釣り糸を川に深く垂れることができるくらいの十分なお金を、手段はどうあれ女性たちが持つことを私は願っている」

自分はいくら稼げば十分なのか お金に対する解像度を上げる

お金は、生存と尊厳と自由を守るための必要最低限のセーフティネットだ。

しかし、昨今の物価高が生活費を圧迫し、マイホーム購入や子どもの教育費に費やすお金も並大抵の額ではない。老後の蓄えは到底後回しだ。

ならば、これらすべてが十分に満たせるくらいのお金があれば心配はないのかというと、十分にお金がある人も心配がつきないのだという。

これほどまでの拝金主義になったのは、現代社会の匿名性も影響している。

その昔、人々は、隣の家にスプーンが何本あるのかも把握できるほど小さなコミュニティの中で密接に暮らしていた。だからお金を介さずとも信頼をベースに交換や協業、シェアが成り立っていた。

しかし、たくさんの人間が共同で暮らす匿名的な現代の環境では、あらゆる交換がお金を介さずには成り立たない。よって人々はお金から逃れられなくなった。しかも目まぐるしく先行き不透明な現代社会で、自分を支えてくれる確かなものはお金しかないのである。

かといって、**お金への過度な執着は、むしろお金によってもたらされる自由まで失ってしまうこともある。**

『クリスマス・キャロル』の主人公、守銭奴のスクルージを思い浮かべるといい。金儲けしか頭にない彼は、親戚や友人を助けることもなく、クリスマスにも仕事をし、石炭をケチって真冬に事務員が震えながら働いても気にも留めない。スクルージは確かに金持ちには違いなかったが、人の温かさや思いやり、分かち合う喜びを知らずに不幸な人生を送っていた。

私たちの身の回りにも、スクルージのようにお金を稼ぐことしか眼中にない人は案外多い。

こうしたお金への執着について、哲学者のニーチェは、「ある程度までなら、所有は個人を独立させ自由にするが、ある線を越えると一転し、**所有自体が主人となり人はその奴隷となる**」と警戒している。

ならばお金に執着しないために必要なこととは何だろう？

それは、お金に対する解像度を上げることだ。

人はお金をあまりにも抽象的に考える傾向がある。「少なくとも○千万はないと老後が不安だ」「○億あれば金持ちだ」などと言うが、実際、若い人ほど金銭感覚が曖昧でお金の価値を正確に把握できていない。

いくら他人が高給取りで高い車を乗り回そうが、あくまで彼らのお金の話。自分の幸せには本当にそこまでのお金や車が必要なのだろうか？　そしてそのお金や車を得るためにどれだけの時間と労力が必要なのだろうか？

だから、**お金に振り回されないためにも、自分はいくら稼げば十分なのか、ニーチェの言う「個人の独立と自由」が可能な額を把握する必要がある。**その上で、身の丈に合った資金で実現可能な、具体的な幸せを考えればよいのだ。

メルボルン大学ビジネススクールのジョン・アームストロングは、お金との関係において最も理想的なお手本として、ドイツの文豪ゲーテを挙げている。

ゲーテはお金に無頓着というわけではなかったが、過度に心配することもなかったという。裕福な家に生まれたゲーテだったが、自立を希望し、必要経費を稼ぐために弁護士から政府顧問へと職も変えた。彼は仕事も手を抜かず、すべての収入と支出を事細かに記録していた。

そうして得た経済的自由と安定を基盤として、美しい文章を書いた。やるべき仕事と、自分が本当に大切にしている執筆活動との間でバランスを崩さなかったのである。

お金で泣かないためには、お金を知る必要がある。

お金に対してどんな哲学を持つのかによって、4千万ウォン〔約430万円。韓国の会社員の年収中央値と近似。'22年韓国統計庁〕**の年収に感謝することも、1億ウォンの年収**

に不満を感じることもある。

あなたも早いうちにお金について明確な哲学を持ち、具体的に考えてほしい。自分なりの哲学があれば、もっと年俸のいい職場に転職すべきなのか、今、家を買うべきなのかといったリアルなお金の話も後悔せずに選択することができるから。

「**お金を汝の召使いとしなければ、お金は汝の主人となるだろう**」

哲学者フランシス・ベーコンも言っているように、お金が手段ではなくそれ自体が目的になると、人生は途端に無味乾燥で不幸なものになる。

人はお金に対して主導権を握り、使う側でいなければならないのだ。

私もこの年になって思うが、**お金の役割とは、自分を守り、やりたいことをやらせてくれること。**

加えて、社会に対して少しでも貢献することができれば、それで十分なのではないだろうか。

35／歳を取るごとにますます美しくなっていくあなたに会いたい

昨今、スポーツメーカーの広告に女性を起用したものが目立つ。それも数年前までの主流だった、ポーズをキメた痩せた女性モデルではなく、鍛え上げた体でボクシングをしている女性や、汗を流しながら走る女性たちが登場しているのだ。**誰かに見せるための存在ではなく、自分のために自分の体を愛する健康な女性たちの堂々とした姿は、見ているこちらまで誇らしい気持ちにしてくれる。**

ソウルの地下鉄広告といえば、ほんの数年前まで整形手術の広告だらけだった。ビフォーアフターを比較した画像を目にするたびに、彼女たちが手術中に味わったであろう苦痛を想像しては胸が痛み、そんなマイナス面をすっ飛ばして結果だけを見せる広告に腹が立ちもした。

かつては、外見に無頓着な女性に向かって「何か独自のポリシーでもあるの？」

なんて揶揄するような時期もあったが、ここへきてようやく、女性が自分の容姿や外見に対して自信を持つことが当たり前の雰囲気になってきたように思う。

そんな女性たちの存在が私はとても喜ばしく、愛おしくてたまらない。

ブランド品を買ってもいいがそれで劣等感は満たされない

社会の空気が変化したとはいえ、「整形手術がやめられない」「ブランド品中毒だ」と訴えて病院を訪れる患者たちは今も後を絶たない。

ある女性がこんなことを言った。「20代ならルイ・ヴィトン、30代ならシャネルくらいのバッグを持ってないと安心して街も歩けないでしょう？」と。

彼女たちは、堂々と胸を張って生きるために喜んで時間とお金をブランド品に投資する。もちろん、それがまったく間違っているとも言い切れない。なぜなら、**現代社会において、見た目は無視できない競争力の一つだからである。**

イギリスの社会学者、キャサリン・ハキムの主張に「**エロティック・キャピタル**」というものがある。健康でセクシーな体形や美貌、巧みな社交術とユーモア、優れたファッション感覚などが、人間を魅力的な存在に仕立てあげる「エロティック・キャピタル（美的資本）」であり、これが「エコノミック・キャピタル（経済資本）」「ヒューマン・キャピタル（人的資本）」「ソーシャル・キャピタル（社会資本）」に続く第4の個人資産であると位置づけたものだ。

ハキムによれば、凡庸な容姿の人が100ユーロ稼ぐときに、肥満体型の人は86ユーロ、容姿が魅力的な人なら男性で114～128ユーロ、女性でも112～120ユーロを稼ぐと説いている。また、就職率も見た目のよい人のほうが10%高くなるという。

こうなるともはや外見への投資をぜいたくだの見栄だのと言えなくなってくる。**外見を整えることは、就職や昇進を見据えた20～30代にとって、重要な自己啓発の一部なのだ。**そう考えると、なけなしの給料をはたいてブランド品をそろえる若者たちの気持ちも理解できるというもの。

ところで、彼女たちがブランド品を買ったり整形手術を受けたりする理由には、もう一つの理由が隠されている。

それは、「**みんながやっているから**」だ。このように少数派が暗黙のうちに多数派から受ける社会的プレッシャーを「**ピアプレッシャー**」（同調圧力）と呼ぶ。

たとえば、同世代の女性たちが持っているバッグを自分も持つことで、自分が周りに取り残されていないことを確認し、彼らと同じカテゴリに属している安心感も得るというわけだ。あるブランド品が一定の世代に流行するのはこういう理由がある。

トレンドを社会学の観点からとらえた『ソーシャル・トレンド』（未邦訳）の中で、著者ギョーム・エルネは哲学者のジャン・ボードリヤールの言葉を引用しながら、人々がなぜブランド品を買うのかを説明している。

「私たちはモノそのものを消費しているのではない。**理想的な基準とする集団に属するために、モノを〝差異〟の記号として操作しているのだ**」

これを噛み砕いて言うなら、ブランドバッグを買うという行為は、単なるバッグではなくブランドを消費しているということ。つまりエルネは、「人々は、ブランドバッグを持ち歩いている**自分自身もブランド品のような価値があるというメッセージを他人に発信したい**がためにブランド品を買っている」と述べているのだ。

この場合の人々の所有欲をかき立てているのは、商品自体や機能というよりは、そこに内包された価値だ。

これを心理学では「**自己肯定感高揚効果**」と呼んでいる。名声のある人や優秀な人たちの集団にいると自らの存在価値も高まるように感じるのと同じく、ブランドという価値を身近に置くことで自分の存在価値も向上したように感じるという心理だ。「こうなりたい」といった欲望を具体的な商品に投影しているのである。

もちろん、ブランド品は価値のある物であり、それを所有したがるのは自然なことだ。

しかし、**「ブランド品でなければ美しくもなく誰にも認められない」という考えから所有したいのであれば、それは劣等感の裏返しかもしれない。**

ブランド品が欲しくなったら、そのことを胸に手を当てて考えてみてほしい。劣等感は、ブランド品や整形手術では解消されるものではないからだ。

映画『お買いもの中毒な私！』では、買い物依存症だった主人公レベッカが依存症と決別する様子が描かれる。

物語の冒頭で、レベッカはグリーンのスカーフを買うかどうか悩むうちに採用面接に遅刻してしまうほどの買い物中毒として描かれる。しかしその後、経済雑誌の編集部に転職し、没頭できる仕事や心から愛する人に出会ううちに、レベッカの買い物への熱もおさまっていく。自分にとって本当に大切なことは何かを知り、他人からどう見られようが揺らぐことのない自信がついたからだ。

自らの人生を懸命に生きた人は歳を重ねるほど美しく輝く

人は40歳を過ぎると美の基準が変わる。

若い頃に考える美の基準とは、言わば世間で良しとされている美そのもの。整った顔立ち、すらりとした体形にすべすべの肌、流行のファッションに身を包んでいること――。

それが40歳を過ぎたあたりから、**それぞれが歩んできた人生の数だけ、何通りものスタイルや美しさがあることに気づく。**それはその人が自分の人生をいかに精一杯生きてきたかという証しなのだ。

あなたも中年になって高校の同窓会に行ったら分かるだろう。

かつては全校生徒の憧れの的だった同級生のやけに老け込んだ姿を見て、「やはり歳月には勝てないものね」なんてがっかりする場合が少なくない。

かと思えば、当時は箸にも棒にもかからなかった存在だったクラスメートが、品のいいパリッとした姿で登場して皆を驚かせたりもする。この違いは一体何だと思う？


ココ・シャネルが「20歳の顔は自然からの贈り物、50歳の顔はあなたの功績」という言葉を残している。

数年前に来韓したチンパンジー研究家のジェーン・グドールを初めて見たときも、そう思った。彼女のグレイヘアのなんと美しいことか。

ごましおの髪を束ねて地味なジャケットをひっかけただけなのに、それまでの彼女の人生が反映された顔立ちと立ち居振る舞いそのものが、そのまま一つの「ファッション」となって崇高な空気を醸し出していたのだ。

26歳で単身タンザニアの熱帯雨林地域に入ったジェーン・グドールは、野生のチンパンジーの研究を始めて以来、その生活を50年も続けてきた。すでに彼女は

80歳を過ぎているが、今も世界各地の絶滅危惧動物の研究者であり、啓蒙活動にも熱心だ。

人の容姿に関して、「努力したって、美しいのは若いうちのほんのいっときだけだよ」、なんて言葉をよく耳にする。歳を取ればおなかも出てくるし、しわもできる。努力しても無駄だと。

しかし、ジェーン・グドールのように自分らしく生きる人は、そんな意地悪な言葉とは無縁のようだ。むしろその歳月さえも味方にして、どんどんその人らしい魅力を増していく。**まさに自らの人生を懸命に生きてきた人だけが得られる美しさである。**若返りたいと整形手術を受けたり、ブランド品を身に着けたりしてつくろっても到底得られない輝きだ。

これに関連して、スコットランドの植物学者で社会運動家のマリー・ストープスが述べた言葉も紹介しておこう。

「16歳の美しさは自慢するものではない。しかし**60歳で美しければ、それは魂の美しさだ**」

私は、40歳、50歳、60歳と、ますます美しくなっていくあなたに会いたい。

36／人生の根っこを極太にする本気の学びとは

「なぜ死のうと思ったんですか」

「生きていく理由がないからです」

30歳だという可愛らしい顔立ちのその女性は、留学までさせてくれるほどの裕福な家の娘だった。家庭事情も穏やかだし、耐えがたいほどの苦しみを抱えているわけでもなさそうだった。

それなのに、**「生きていく理由がないから」と、車で練炭自殺を図ったのだ。**

彼女は無表情で、終始うつろな目をしていた。喜び、悲しみ、怒り……どんな感情も感じられない人のように見えた。

彼女のように、**ふとした瞬間にすべてがフリーズしてしまう人たちがいる。**せめて怒りの感情でもあれば治療の糸口も見つけやすいのだが、治療者の立場としては、こうした人たちに接することが一番難しい。

私は彼女に言った。

「どんなにあなたが否定したくても、あなたは今、〝生きたい〟と思っています。

診療室に来ているという事実が何よりの証拠です。もし本当に死にたいと思っているのなら、こんなところまで訪ねて来ないはずだから」

彼女はひとことも返さなかったが、その後も定期的に診療室を訪れた。

ソクラテスはなぜ死の直前にも笛の練習をしたのか

以前見た「学びと人間」というドキュメンタリーに、数学の勉強を毎朝の日課にしているという老夫婦が出演していた。89歳のケンさんと86歳のミルドレッドさん夫妻は若い頃からそろって化学徒で、当時から毎朝数学の難題に取り組んでは学び、討論し、考えることを習慣にしてきたという。

それに加えて最近、妻のミルドレッドさんがフランス語の勉強を始めた。フランス語が流暢な夫を講師に単語を一つずつ覚えていく姿は、80代とは思えないほど好奇心旺盛な思春期の少女の姿を彷彿とさせた。

「なぜその年で勉強を頑張るのか？」という問いに彼女はこう答えた。

「世の万物を見つめることはとても興味深いことなのです。過去から学び、積極的に人生を生きるとき、自分が世界の一部になれるのですから。そうやって**世界と関係を結んでいる限り、私たちに〝引退〟などないのです**」

この夫婦にとっては、生きることがすなわち学びであり、学び続ける限り成長があるのだ。

人間には学びに対する根源的な欲望が備わっている。アメリカでは、定年退職を迎えたベビーブーマーに向けた大学の学習課程が人気を博しているという。哲学、歴史、文学、芸術などさまざまな分野のカリキュラムは、どれも片手間には取り組めないものばかりだが、受講希望者が殺到しているそうだ。

韓国でも大学の生涯教育課程や文化センターに新たな学びを求める高齢者が長い列をなしている。青春時代に人文学を一度も学ぶ機会のなかった彼らが、高齢になってから難解な古典や美術批評の授業に挑戦して情熱を傾ける。

これこそが「**人間に純粋な知識欲が備わっている**」という証しだ。**生計に直結する問題でなくとも、自分や他人、世界について知りたいという欲が誰にでもあるのだ。**

アメリカの心理学者エイブラハム・マズローは、人間の欲求は基本的なものから始まり、高次元の欲求に進むという欲求段階理論を発表している。

最も低層の第一の欲求は「生理的欲求」で、その上のレベルには「安全欲求」と「帰属欲求」がある。人はこれらが十分に満たされて初めて、自己尊重の欲求を追求し、最終的には「自己実現の欲求」を持つようになる。

人間が持つ知識欲は、この自己実現の欲求に属するものだ。学びを通して自らの潜在能力を実現すると同時に、意味のある存在になろうとするのだ。

だから人は学び続ける。これにまつわるソクラテスの逸話がある。死刑宣告を受けたソクラテスは、毒薬が準備される間、笛で楽曲の1フレーズを練習していたという。「今さら何の役に立つのか?」と尋ねられたソクラテスはこう答えた。

「それでも、**死ぬ前に1フレーズくらいは覚えておきたいじゃないか**」

娘よ、私が引退する日は人生最期の日だ

しかし実際のところ、韓国に暮らす私たちは、高校生までは大学受験のための勉強に、大学に入れば就職に必要な成績や英語の勉強に追われ、社会人になるまでは自分がやりたい勉強に没頭する時間を許されない環境で育ってきた。

やがて社会人として日々を過ごしていると、心のどこからか湧き上がる響きに気付く瞬間がある。**人生を学びたいという渇望、試験のための勉強ではない自分のための学びに対する渇望だ。**

人には常に前進していたいという欲求がある。ふとした瞬間に湧き起こる、ぽっかり空いた空白を埋めたくなる欲求、それこそ成長への欲求なのだ。

私がアメリカのサンディエゴで研修を受けていたときの話だが、世界的に著名な精神分析家に精神分析をしてもらうという、千載一遇のチャンスを得たことがある。

本格的な分析に入る前に彼女が私に尋ねた。

「あなたはなぜわざわざ遠い異国の地まで来て、精神分析を受けようと思ったのですか？」

少し考えて、私はこう答えた。

「もっと成長したいからです」

成長したい――。

考えてみれば、私が今ここにいること自体も、すべては成長に対する欲求のおかげだった。

あなたを産んでも離職せず仕事を続けてきたことも、アメリカに研修に行ったことも、50歳にして安定した職場を離れて個人クリニックを開業したことも、すべて、いつでも止まることなく成長したいという強い気持ちによるものだった。

生きている限り、最期まで何らかの形で世界と関わり、毎日少しずつでも成長していく自分を見たい。そのためにはまだまだこれからも勉強し続けなければならないし、また、そうありたいものだ。

生きるとは学ぶことであり学び続ける限り人は成長できる

オバサンの私がまだまだ学びたいと願うのだから、30代になったあなたもそろそろ「真の学び」がしたくなる頃だろう。

あなたが成長の過程でやってきた勉強は、考えるよりも問題解決の方法を、知恵よりも知識を学んできたようなもの。

しかし**そんな教科書通りの学びだけでは、この厳しい世の中を乗り切るのは無理な話だと、きっとうすうすは感づいているはず。**

仕事に追われ、人間関係の板挟みになりながらも、人とは何か、善悪とは何か、どう生きるべきかの答えを得ようとするなら、机から立ち上がって周囲を見渡さねばならない。

勉強とは、必ずしもペンを握ってするものではない。子どもたちは草花から知識を得るし、思春期になれば友情や恋愛を経て人間関係を学ぶ。

挫折や失敗も、直接経験したからこそ学べる最高の勉強である。

そして知恵とは、生きた経験が思想や理論と出会うことで深まっていく。

自動車の運転方法が知識なら、知恵は、運転する車の行き先がいくつもあり、それがどんな所なのかを知ることだ。知識だけの頭でっかちな人は些細なことにも動揺するが、知恵も兼ね備えた人は簡単に揺らぐことはない。

真の学びとは知恵を得ることだ。知恵はあなたの人生の根っこを太く丈夫にしてくれる。

古くから、人生を知りたければ古典を読めといわれている。ひとりの人間が一生のうちに経験できることは限られている。その点、古典は長い年月をかけて広く愛読され、検証されてきたものであり、そこには生きるために必要なあらゆることが溶け込んでいるからだ。

『貧しき者のための富裕層』(未邦訳)の著者アール・ショリスは、貧しい人々に古典をはじめとした人文学を教える実験的な学校を設立し、ホームレスや貧民、囚人に向けて教育を施した。

ショリスは一体なぜ、生計もままならないような彼らに職業教育ではなく人文学を教えたと思う？

ショリスは、**彼らに本当に必要なのは、自身の存在の意味と価値を洞察する精神的な資産だと考えた**からだ。

しかし、当の彼ら自身にはそうしたことを学ぶ機会がなかったため、彼らは毎日をその場しのぎで衝動的に生きていた。人生を何の意味もなく無駄にしていたわけだ。

そこでショリスは彼らに、自らを顧み、世の中を知る学びの場を提供した。

あなたに古典を薦めるのもこれと同じだ。**急速に変化する現代社会で本当に必要なことは、自分と世の中を洞察する力だ。**それがあれば道を失うこともない。

生きることは学ぶことであり、学び続ける人間は成長する。

だからあなたも一生、学びを手放さないでほしい。

そうして得た知識や知恵を、ぜひ、他の人たちと分かち合いながら生きていって。

37／

人生なんて大したことない。楽しんで生きなさいよ

『あるスキャンダルの覚え書き』という映画を覚えているだろうか？　ジュディ・デンチとケイト・ブランシェットが熱演した心理サスペンスだが、今も忘れられないシーンがある。ベテラン教師バーバラが、年下の同僚教師シーバに吐露する場面での台詞だ。

「子どもの頃は自分に幻想を抱いていた。私はこの世界で重要な人物になるんだって。でもそのうち身の程を知ったわ。私は人生をひとりぼっちで終えるのが怖い」

それまであまりにも気難しくトゲのある行動をとってきたバーバラの発言だったからなのか、その台詞が妙に心に残った。

私の人生が終わる日、私は何を後悔し、何を惜しむのだろうか。

一瞬、母の顔が思い浮かんだ。亡くなって久しい私の母のことだ。

あなたのお婆ちゃんが私に教えてくれた一つのこと

あなたも知ってのとおり、あなたのお婆ちゃんは朝鮮戦争を経験して夫と早くに死に別れ、以来、30数年間をひとりで生きてきた。

若くして6人の子育てに追われ、早朝から寝しなまで片時も休む暇がなかった。

それでもお婆ちゃんは弱音一つ吐かずにいた。そのせいなのか、私の記憶の中の彼女の姿は、青麦のようにたくましく、強靭な生活力と疲れを知らない生命力にあふれている。

そんなお婆ちゃんと比べると、私は見た目も性格も父親似なのだと思っていた。

しかし、昔から心臓の弱かったお婆ちゃんが闘病の末に静かに旅立ったとき、あなたのお父さんがこう言った。

「君はお義母さんに本当によく似ている。口では大変だと言いながらいつもちょこまか動き回っているし、新しいことにチャレンジする姿なんかまさに母親譲りじゃないか」って。

言われてみれば確かに、私はいつの間にか母に似てきたようだ。

幼い頃、母はいつも子どもたちのために犠牲になっている人だと思っていた。だから私は絶対に母みたいにだけはなるまいと心に誓っていたものだ。

しかし、夫のその言葉を聞いて以来、そうした母の生き方が改めて違って見えてきた。**母だって、きっとそんな人生を望んでいたわけではなかったはずだ。**

ただ、未亡人となりひとりで子どもたちを育てるためには、強くならざるをえなかったのだろう。それでも母は不平不満を漏らすこともなく、いつも人生をポジティブに考えていた。あなたがまだ小さかった頃は、あなたの子守りも引き受けてくれていたのよ。

いつだったか、「苦しい」とこぼした私に母はこんなことを言ってくれた。

「**人生なんて大したことないよ。楽しんで生きなさいよ**」

きっと母は、「**生きるほどに苦しみが増すのが人生だ。だから、なおのこと生きる楽しみを見逃してはいけない**」ということを伝えたかったのではないだろうか。

大切な時間を愚かに使わずどうか人生を楽しんで生きぬいて

まだ10年も生きていないのに、生きる興味を失った子どもたちがいる。

彼らの親は言う。「うちの子はIQ125なのに、学校の成績は40人中35位だし、夢もないって言うんです」と。

だから治療してほしいと子どもを診療室に連れてくるわけだが、そうした子どもたちは皆一様に無気力なのだ。

好きなこともなく、やりたいこともない。なりたい職業もないため、学校に行っても家に帰ってきてもつまらなそうにしている。

生きる楽しみを失うと、毎日はただ耐えるだけのものになる。

親に怒られるから仕方なく動き、先生に何か言われるのが嫌だから動く。

これではまるでロボットだ。

人は皆、旺盛な好奇心を抱き、生きるエネルギーいっぱいにこの世に生まれてくる。

だから子どもは何事にも興味を抱き、何でも最初に見たがり、噛んでみて、味見しようとし、片時も休むことなく世界を探検する。

こうして**子どもは無限の好奇心で世の中を学習していく。**

しかし、過剰な教育や先取り学習、行き過ぎた競争意識は、子どもの好奇心の範囲を越えて、何の楽しみも感じられなくする。

人間は疲れると何かをする気も起こらず、子どもも大人も関係なく休みたがるもの。そんな状況では新しいことをしたいという意欲が起きるはずもない。


『論語』に私が大好きな一節がある。

「**これを知る者はこれを好む者に如かず。これを好む者はこれを楽しむ者に如かず**」

この一節のとおり、楽しみながらやっている人は最強だ。「楽しい」というエネルギーが、人生を導く強大な原動力になるからだ。

歳を重ねるにつれ、やるべきことや責任を持たざるをえないことが増えていく。変化の激しい時代に追いつくために学ぶべきことも多い。

ところが、「～べき」となった途端、意欲も失われ、新たに学ぶことがストレスになる。

そんなときこそ、**好奇心を失わず、楽しく生きるための努力が必要だ。**

だからきっとお婆ちゃんも、私に「楽しんで生きなさい」と言ってくれたのではないかと思う。

娘よ、私は後々、どんな母親としてあなたに記憶されるのだろう。

願わくば、生涯成長し続けようとし、一瞬一瞬を楽しもうとし、イキイキと過ごそうと努力した人として記憶されたらうれしい。

過ぎた時間は二度と戻らない。

だからこそ、そんな**大切な時間を不平や愚痴をこぼすことに費やすほど愚かなことはないと思う。**

おまけに、他人を打ち負かしたり、自分が負けるために生まれてきたのではないのだから、自分の分だけ幸せに生きればそれで十分。

思いもよらない苦難があなたを試すときや、誰かがそばにいてもさみしさが募るとき、生きることが死ぬことよりもつらく思えるとき、そんなときこそ、お婆ちゃんの言葉を思い出して。

「人生なんて大したことないよ。楽しんで生きなさいよ」

あなたにも、きっと大きな力となってくれるはずだ。

エピローグ

これまで書いてきたどの本もそれぞれに思い入れたっぷりだが、この本は格別だった。心理学を専門にしている人向けではなく、一般の読者に向けて私が書いた初めての本であり、そもそもの執筆のきっかけが、「娘の結婚」という、ごく私的で重大な出来事に触発されてのことだったからだ。しかし、この本をまとめたおかげで精神科医として生きてきた人生をそれなりに整理もでき、母親としての人生のひと幕をきちんと閉じることができたように思う。

そうして本が世に出てから7年が経った。今や娘と私は、それぞれの道のりを精一杯歩む途中に出会った良き友人であり、頼もしいチアリーダーのような関係だ。それもこの本があったからこそで、私も母親としての役割の変化を受け入れ、医師としても新たな一歩を夢見ることができるようになった。おまけに、この本自体が多くの読者に愛される本となったのだから、これほどありがたく幸せなことはない。

その間、実にいろいろなことがあった。娘はアメリカで就職、結婚したのち会社の管理職となり、今では新入社員を面接する立場にいる。私はというと、アメリカで精神分析の研修を受けて帰国して以降、再び患者たちと向き合っている。義父が他界し、甥や姪たちも結婚して親となった。人生とは、ゆっくりと流れているようでいて矢のごとし、日々は着実に続いている。時折、見聞きする暗いニュースに悲観することもあるが、生活の中で発見する小さな美しさのおかげで、結局は成長し、楽しく生きていこうという決意を新たにしている。

しかしながら、病院にはいまだ傷ついた心を抱えて訪ねてくる人が後をたたず、特に人生の不確かさを全身で感じている20〜30代の若者たちは、相も変わらず憂鬱、不安、心の傷の記憶に苦しんでいる。7年前と同様に人生の難題に立ち向かう若い彼らに接するにつけ、もう一度本を書かなければという思いが強くなった。特に、3年近く本が絶版になっている間にも、たびたび話題に挙げてもらった本書に関して、スペシャルエディション版を出版する勇気をもらうことができた。

人生は思い通りにいかないもの。人はそれにうまく適応しながら生きていかなければならない。その過程でぶつかる精神的な問題は、昔も今も似たり寄ったりだ。だが、その問題を受け入れる姿勢だけはこの7年で大きく変わったように思う。以前は世の中になじめず「どこか欠けている自分」にフォーカスして苦しむ人が多かったのに対し、今は、世の中に過剰に振り回されることなく「自分を守りながら生きるための具体的な対処法」を求める人の割合が増えている。つまり、世間と自分との間の適切な心のバランスを保つ方法を知りたいということなのだろう。

それを踏まえ、スペシャルエディション版となる本書では、そうした疑問に答えるべく、私なりの考えや方法を盛り込んだエピソードを加筆して1章を構成し直した。また、自尊心、憂鬱、怒りなど、精神分析の固有のテーマについてもっと知りたいという読者からのリクエストを反映し、4章にてこれを増補した。

気が付けば私も中年と初老の間。いわゆるサードエイジの真っただ中だ。日々感じる身体的な変化は切なくもあるが、失うことで気付く人生の意味に感謝しながら、新たな時間を喜んで迎えたいと思う。人生とはとどまることを知らない旅路であり、車輪は前に転がり続けるだけ。この事実を認めて受け入れれば、過ぎた日々がどれだけつらく暗かったとしても、人はまた一歩、前進することができるものだ。

この本が、皆さんが前に進むための一助となれば、これ以上の喜びはない。

ハン・ソンヒ

訳者あとがき

離れて暮らすアラサーの娘に向けた手紙のようなスタイルで綴られた本書には、精神分析家のハン・ソンヒ氏が心理学と自らの知見をベースにした、セルフ・コンパッション（他者と同じように自身を大切に思うこと）の大切さや処世術がまとめられている。20代、30代の若者たちがぶつかる悩みごとに対し、母親目線の少しおせっかいなくらいのアドバイスが温かく心地よい。

原著『娘に送る心理学の手紙』（原題直訳）は、２０２０年に出版社ＭＡＶＥＮ（メイブン）から「10万部突破スペシャルエディション」と銘打って発売されて以来、韓国でロングセラーとなっている本である。また、もともと２０１３年に別の出版社から出て絶版になっていたものの復刊版かつ増補改訂版でもある。少し余談になるが、ＭＡＶＥＮは２０１７年創立の若い出版社で、『もし私が人生をやり直せたら』（キム・ヘナム著、翻訳版はダイヤモンド社刊）もリバイバルヒットさせるなど、心理学をベースにした生き方本のジャンルを数多く打ち出し、息の長いヒット作として世に送り出す目利きの版元だ。本書の原著も、コロナ禍の時世的なものも作用してか、教保文庫（韓国の大手書店）の人文書カテゴリーで12週連続1位を記録するなど、復刊発売のほうが大きく話題をさらった印象だ。

著者のハン・ソンヒ氏は、精神科医、小児精神科医として40年以上のキャリアを持ち、のべ20万人以上の患者と向き合ってきた精神分析のスペシャリストである。インタビュー等で語られる彼女の経歴を見るだけでも元気が湧いてくる。

彼女が精神科医を目指していた学生時代（80年代）は、今以上に男女差別があからさまだった。「せめてチャンスだけでも」と彼女は精神科科長に直談判し、在籍していた高麗大学で女性として初めて精神科課程を修めて専門医になっただけでなく、後輩女性たちが後に続く道も切り開いた。また50歳を過ぎて国立ソウル病院（現国立精神健康センター）での安定した職を辞して開業医となったのは本文でも語られているとおりだが、さらにその後、彼女は、その病院を閉めて「これまで学んできた学問をさらに究めたい」と60歳目前にしてニューヨーク精神分析研究所に2年間の留学をしている。現在はその学びを生かして、再び患者と向き合い、執筆活動も行っている。

本書について著者は、自分の娘と同様に親元を離れて独り立ちしようとする人や、社会に出て挫折を味わっている人といった若者たちはもちろんのこと、「子離れというのは思いのほか孤独でつらいものだ」という思いから、子どもの独立を見送る母親たちにも読んで欲しいと語っている。

古くより韓国社会には良妻賢母を崇め、女性に犠牲を強いる空気が根強くあった。それが、『82年生まれ、キム・ジヨン』が社会現象化し、#MeToo運動も世界一レベルくらいの熱量で盛り上がって以降、異を唱える女性たちの声が大きくなった。本書が現地でヒットしたのも、その機運を後押しする一冊となったからだと想像できる。

日本もそうだが、この10年ほどで人々の価値観は大きく変わり、社会全体の雰囲気は「違和感がある古い慣習はアップデートし、社会と折り合いをつけながらも自分を大事にしよう」という流れにあるようだ。「世界で最も大切で愛すべき人は、あなた自身だ」「人生とは高尚なものでもなければ、つまらないものでもない。だからいつでも、楽しく、幸せに生きて」という本書のメッセージは、日本でも多くの読者の心を明るく照らしてくれるだろう。

訳者

［著者］
ハン・ソンヒ
韓国の精神分析家、児童精神科医師。イハン精神健康医学科医院院長。高麗大学校医科大学大学院にて医学博士を取得し、国立精神科病院（現国立精神健康センター）にて20年以上患者の治療に当たる。米カリフォルニア大学ロサンゼルス校（UCLA）医学部客員教授、韓国精神分析学会会長を歴任したほか、高麗大学校と成均館大学校医科大学でも教壇に立つ。著書に『いつの間にか40歳になった娘へ』（未邦訳）などがある。

［訳者］
岡崎暢子（おかざき・のぶこ）
韓日翻訳・編集者。出版社をはじめ各種メディアで韓日翻訳に携わる。訳書に『あやうく一生懸命生きるところだった』『人生は「気分」が10割』『どうかご自愛ください』（以上、ダイヤモンド社）、『頑張りすぎずに、気楽に』（ワニブックス）、『僕だって、大丈夫じゃない』（キネマ旬報社）など。編集書に『小学生が知っておきたいからだの話（男の子編／女の子編）』（アルク）など。

精神科医が娘に送る
心理学の手紙
——思い通りにならない世の中を軽やかに渡り歩く37のメッセージ

2025年1月7日　第1刷発行

著　者——ハン・ソンヒ
訳　者——岡崎暢子
発行所——ダイヤモンド社
〒150-8409　東京都渋谷区神宮前6-12-17
https://www.diamond.co.jp/
電話／03･5778･7233（編集）　03･5778･7240（販売）
ブックデザイン—小川恵子（瀬戸内デザイン）
イラスト——浅妻健司
ＤＴＰ———RUHIA
校正————鷗来堂
製作進行——ダイヤモンド・グラフィック社
印刷／製本—勇進印刷
編集担当——林拓馬

ISBN 978-4-478-12045-3